Berlitz®
The Language Experts

SPANISH2.0

The Interactive Language Course for the 21st Century

D0435879

Berlitz Publishing

New York   London   Singapore

SPANISH 2.0

Contacting the Editors
Every effort has been made to provide accurate information in this publication, but changes are inevitable. The publisher cannot be responsible for any resulting loss, inconvenience or injury. We would appreciate it if readers would call our attention to any errors or outdated information by contacting Berlitz Publishing, e-mail: comments@berlitzpublishing.com

First Printing: January 2011
Printed in China

Publishing Director: Sheryl Olinsky Borg
Senior Editor/Project Manager: Lorraine Sova
Editorial: Andrea Pearman, María Amparo Perez Roch, Rosa María Martín, Phil Turk, Inés Greenberger, Saskia Gorospe Rombouts, Mercedes Roffé
Cover and Interior Design: Leighanne Tillman
Cover Photo: ©iStockphoto/skynesher
Production Manager: Elizabeth Gaynor

Contents

How to Use SPANISH2.0

SPANISH 2.0 is an innovative, beginner-level course that features a multimedia approach to help you function in a wide variety of everyday situations with Spanish speakers from Spain and Latin America. You'll practice listening, speaking, reading and writing in Spanish online and by following the book.

 Visit the 2.0 companion website, **www.berlitzhotspot.com**, for all online and downloadable content.

SPANISH 2.0 is divided into 18 lessons. Each lesson focuses on an important theme, such as greetings and introductions, ordering food and shopping. The lessons include these features:

DIALOGUE

Real-life dialogues between native speakers

GRAMMAR

Quick and easy grammar explanations— in plain English

VOCABULARY

The lessons's key words and phrases

LEARNING TIP

Advice on how to remember your new language

ACTIVITY

A fun way to practice your listening, speaking, reading and writing skills— in the book and online

PRONUNCIATION

A focus on the sounds of Spanish

DID YOU KNOW?

Cultural aspects of the major Spanish-speaking countries

LEARN MORE

Practical ways to extend your language skills

 Check It!

A useful list of what you've accomplished in the lesson

BERLITZ HOTSPOT

Go to www.berlitzhotspot.com for...

Social Networking
Prompts to start conversations
with your Hotspot friends

 Podcast
Downloadable info on
Spanish culture and language

Internet Activity
Explore real Spanish websites

Video
Animated scenes of culture and language in action

Audio
For sections that are available with audio

You'll also find two tests in the book, after lessons 9 and 18. The tests
are an opportunity to confirm you've met the goals of the course. For your
reference, an answer key has been included, as well as up-to-date maps
of the major Spanish-speaking countries.

SPANISH2.0 CD-ROM

In addition to online content, 2.0 includes a CD-ROM, at the back
of this book, with fun language-learning games, activities and
audio. Practice and reinforce the language you're learning!

Match It!
Play a Spanish-language
memory game.

Quiz2.0
Test your knowledge
of Spanish language,
grammar and culture.

Watch It!
Answer questions about
the Spanish2.0 videos.

Listen Up!
Advance your listening
comprehension skills.

Speak Up!
Practice your Spanish
pronunciation.

Pronunciation

This section is designed to make you familiar with the sounds of Spanish using our simplified phonetic transcription. You'll find the pronunciation of the Spanish letters and sounds explained below, together with their "imitated" equivalents.

The acute accent ´ indicates stress, e.g. *río*, <u>ree</u>-oh. Some Spanish words have more than one meaning. In these instances, the accent mark is also used to distinguish between them, e.g., *él* (he) and *el* (the); *sí* (yes) and *si* (if).

CONSONANTS

Letter	Approximate Pronunciation	Example	Pronunciation
b	1. as in English b	bueno	<u>bweh</u>-noh
b	2. between vowels as in English, but softer	bebida	beh-<u>bee</u>-dah
c	1. before e and i like s in same	centro	<u>sehn</u>-troh
c	2. otherwise like k in kit	como	<u>koh</u>-moh
g	1. before e and i, like ch in Scottish loch	urgente	oor-<u>khehn</u>-teh
g	2. otherwise, like g in get	ninguno	neen-<u>goo</u>-noh
h	always silent	hombre	<u>ohm</u>-breh
j	like ch in Scottish loch	bajo	<u>bah</u>-khoh
ll	like y in yellow	lleno	<u>yeh</u>-noh
ñ	like ni in onion	señor	seh-<u>nyohr</u>
q	like k in kick	quince	<u>keen</u>-seh
r	trilled, especially at the beginning of a word	río	<u>ree</u>-oh
rr	strongly trilled	arriba	ah-<u>rree</u>-bah
s	1. like s in same	sus	soos
s	2. before b, d, g, l, m, n, like s in rose	mismo	<u>meez</u>-moh
v	like b in bad, but softer	viejo	<u>beeyeh</u>-khoh
z	like s in same	brazo	<u>brah</u>-soh

Letters ch, d, f, k, l, m, n, p, t, w, x and y are pronounced as in English.

Letter	Approximate Pronunciation	Example	Pronunciation
a	like the a in father	gracias	<u>grah</u>-seeyahs
e	like e in get	esta	<u>ehs</u>-tah
i	like ee in meet	sí	see
o	like o in rope	dos	dohs
u	1. like oo in food	uno	<u>oo</u>-noh
u	2. silent after g and q	que	keh
u	3. when marked ü, like we in well	antigüedad	ahn-tee-gweh-<u>dahd</u>
y	1. like y in yellow	hoy	oy
y	2. when alone, like ee in meet	y	ee
y	3. when preceded by an a, sounds like y + ee, with ee faintly pronounced	hay	aye

Below are some major consonant differences you'll hear in the Spanish spoken in Spain as opposed to most countries in Latin America.

Letter	Approximate Pronunciation	Example	Pronunciation
c	1. before e and i like th in thin	centro	<u>then</u>-troh
c	2. otherwise like k in kit	como	<u>koh</u>-moh
d	1. as in English	donde	dohn-<u>deh</u>
d	2. between vowels and especially at the end of a word, like th in thin, but softer	usted	oos-<u>teth</u>
z	like th in thin	brazo	<u>brah</u>-thoh

Lesson 1 — Your Name, Please?

¿Su nombre, por favor?

LESSON OBJECTIVES

Lesson 1 is about getting to know people. When you have completed this lesson, you'll know how to:

- exchange greetings
- introduce yourself
- ask for and give your telephone number

DIALOGUE

Listen as señor Martín registers at an international conference.

Receptionist:	**¡Buenos días, señor! ¿Su apellido, por favor?** Good morning, sir! Your last name, please?
Sr. Martín:	**¡Buenos días, señorita! Soy el señor Martín.** Good morning, I'm Mr. Martín.
Receptionist:	**¿Y su nombre por favor?** And your first name, please?
Sr. Martín:	**Antonio.**
Receptionist:	**Sí, un momento. ¿De dónde es usted, señor Martín?** Yes, one moment. Where are you from, señor Martín?
Sr. Martín:	**Soy de Valencia.** I'm from Valencia.
Receptionist:	**¿Cuál es su dirección?** What's your address?
Sr. Martín:	**Vivo en la calle Cervantes número seis.** I live at 6 Cervantes Street.
Receptionist:	**¿Cuál es su número de teléfono?** What is your phone number?
Sr. Martín:	**Mi número de teléfono es el cinco cinco cinco tres uno cinco ocho.** My phone number is 555 31 58.

1. DIALOGUE ACTIVITY

A. Where is señor Martín from?

B. Where does he live?

Use the following words and expressions to guide you through the lesson.

VOCABULARY

el apellido	last name	**Muchas gracias.**	Thank you very much.
la avenida	avenue	**No hay de qué.**	You're welcome.
Buenas tardes.	Good afternoon./ Good evening.	**No.**	No.
Buenos días.	Good morning.	**el nombre**	first name
la calle	street	**el número (de teléfono)**	(telephone) number
el celular (Lat.Am.)	cell phone		
¿Cuál?	What?/Which?	**Por favor.**	Please.
De nada.	You're welcome.	**el Sr. (señor)**	Mr.
la dirección	address	**la Sra. (señora)**	Mrs./Ms.
¿Dónde?	Where?	**la Srta. (señorita)**	Miss
en	in, on	**sí**	yes
el fijo	home phone	**su**	your (formal)/ his/her/their
Gracias.	Thank you.		
mi	my	**el teléfono**	telephone
el móvil (Spain)	cell phone	**un momento**	a moment
		usted	you (formal)

¡Buenos días!

Su nombre por favor.

DID YOU KNOW?

Nouns in Spanish are either masculine or feminine. Most nouns ending in *-a* and *-ad* are feminine, like *avenida*. Most nouns ending in *-o, -e* and consonants are masculine, like *apellido*. There are plenty of exceptions, so be sure to memorize the article — *el* for masculine, *la* for feminine — that goes with the singular noun.

2. LISTENING ACTIVITY

Listen to these people register.
Then complete the registration form.

Receptionist:	**¿Cómo se llama usted, por favor?**
Marta García:	**Me llamo Marta García.**
Receptionist:	**¿Es usted de Madrid?**
Marta García:	**Sí, soy de Madrid.**
Receptionist:	**¿Dónde vive, señora García?**
Marta García:	**Vivo en Madrid, en la avenida Goya número ocho.**

Conferencia
Internacional de Economía
Formulario de Inscripción

Nombre:

Apellido(s):

Dirección:

Conferencia
Internacional de Economía
Formulario de Inscripción

Nombre:

Apellido(s):

Dirección:

Receptionist:	**¿Cómo se llama usted, por favor?**
Daniel Vega:	**Me llamo Daniel Vega.**
Receptionist:	**¿Es usted de Madrid?**
Daniel Vega:	**No, no soy de Madrid, soy de Sevilla.**
Receptionist:	**¿Cuál es su dirección, señor Vega?**
Daniel Vega:	**Plaza de la Constitución, número dos.**

3. SPEAKING ACTIVITY

Imagine you meet the following people at a conference. Greet them appropriately with greetings from the Vocabulary section or the Dialogue.

Marta (a woman your age)

Dr. Iglesias

Quique (a young, male conference organizer)

Sra. Vázquez

4. LISTENING ACTIVITY

Listen to the audio and complete the registration form with the conference attendee's information.

Receptionist: **¿Cómo se llama usted, por favor?**

Attendee: **Me llamo...**

> *Señora Borgen*

Receptionist: **¿Es usted de...?**

Attendee: *Soy de Canada*

Receptionist: **¿Dónde vive?**

Attendee: *Calle Dublin numero uno, siete dos, tres*

DID YOU KNOW?

In Spanish it is usual to give telephone numbers number by number, as well as in pairs. You will hear the following: 5551522 as five, five, five, one, five, two or as fifty-five, fifty-one, fifty-two.

5. WRITING ACTIVITY

Sra. López has also arrived at the reception desk, and introduces herself. Fill in the blanks.

Me _llamo_ Antonia López, _soy_ de Madrid.

Vivo en Barcelona. _La_ dirección _es_

avenida Las Fuentes, _veinti dos_ veintiocho.

Mi número de teléfono _es_ el 555.99.32.

6. WRITING ACTIVITY

Now write your name, address, and phone number in sentence form, then fill in your form for the conference.

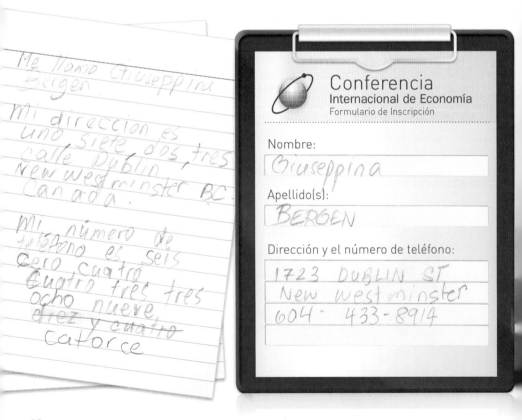

Me llamo Giuseppina
Bergen

Mi direccion es
uno siete, dos, tres
calle Dublin
New Westminster BC.
Canada.

Mi número de
teléfono el seis
cero cuatro
cuatro tres tres
ocho nueve,
diez y cuatro
catorce

Conferencia
Internacional de Economía
Formulario de Inscripción

Nombre:
Giuseppina

Apellido(s):
BERGEN

Dirección y el número de teléfono:
1723 DUBLIN ST
New westminster
604 - 433 - 8914

7. SPEAKING ACTIVITY

Listen to the numbers from 0 to 15, then practice saying them out loud.

0	cero	4	cuatro	8	ocho	12	doce
1	uno	5	cinco	9	nueve	13	trece
2	dos	6	seis	10	diez	14	catorce
3	tres	7	siete	11	once	15	quince

DID YOU KNOW?

Spanish home phone numbers are 9–10 digits (a 2- or 3-digit regional code + the 7-digit number) and cell phone numbers consist of 9 digits. Though the majority of cell phone numbers begin with 6, Spanish home phone numbers begin with 9. 9 plus the following digit (or two in some cases) indicates the city location: 91 indicates Madrid, 93 is for Barcelona and 95 for Sevilla. Phone numbers are usually separated using a period or a space, rather than a dash. The country code for Spain is 34.

8. SPEAKING ACTIVITY

Here's a page from your telephone book with information about the phone numbers of several Spanish friends. Make up home phone numbers and cell phone numbers for each, using Spanish conventions. (The city codes for the home phone numbers are provided.)

Read them aloud using complete sentences, like *El número de mi amigo Alejandro de Madrid es el...*

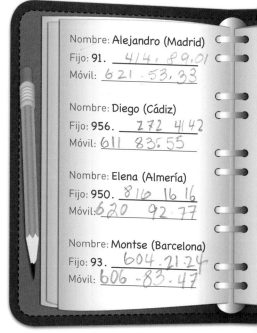

Nombre: Alejandro (Madrid)
Fijo: 91. _4/4. 89.01_
Móvil: _621 . 53. 33_

Nombre: Diego (Cádiz)
Fijo: 956. _272 4(42_
Móvil: _611 83.55_

Nombre: Elena (Almería)
Fijo: 950. _816 16 16_
Móvil: _620 92.77_

Nombre: Montse (Barcelona)
Fijo: 93. _604.21.24_
Móvil: _606 -83.47_

9. DIALOGUE ACTIVITY

Listen to señor Martín, señora García and señor Vega giving their telephone numbers. See if you can understand them without reading the dialogues.

A.

Receptionist: **¿Cuál es su número de teléfono?**

Sr. Martín: **Mi número de teléfono es el cinco cinco cinco tres uno cinco ocho.** ▾

B.

Receptionist: **¿Cuál es su número de teléfono, por favor?**

Sr. García: **Mi número de teléfono es el cinco cinco cinco nuevetres cero dos.**
          —93 0 2

Receptionist: **Muchas gracias.**

Sr. García: **No hay de qué.**

señor Martín
número de teléfono:
555 . 31 . 58

C.

Receptionist: **¿Su número de teléfono por favor?**

Sr. Vega: **El cinco cinco cinco uno dos uno cuatro.**

Receptionist: **Gracias.**

Sr. Vega: **De nada.**

señor García
número de teléfono:
555 . 93 02

10. SPEAKING ACTIVITY 66 99

Write down the telephone numbers of señores Martín, García and Vega, pronouncing number by number as you write them.

señor Vega
número de teléfono:
555 . 12 . 14

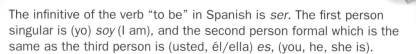

GRAMMAR

The infinitive of the verb "to be" in Spanish is *ser*. The first person singular is (yo) *soy* (I am), and the second person formal which is the same as the third person is (usted, él/ella) *es*, (you, he, she is).

Vivir is the infinitive of the verb "to live" and the first person is (*yo*) *vivo* (I live). The second person formal, which also corresponds to the third person singular, is (usted, él/ella) *vive* (you, he, she lives).

Keep in mind that in Spanish, unlike in English, it is not necessary to always use the subject pronoun—yo (I), usted, él/ella (you, he/she), etc.—with the verb. You only need it to avoid ambiguity: *usted* versus *él/ella*, for example, or for emphasis.

The definite article "the" is *el* for masculine singular, and *la* for feminine singular.

11. SPEAKING ACTIVITY

You arrive at the conference and go to the reception desk. Greet the receptionist and tell her your name, where you come from, your address and your telephone number.

Check It!

Test what you've learned in this lesson and review anything you're not sure of.

CAN YOU . . . ?

☐ **greet people**
Buenos días, señor.
Buenas tardes, señora/señorita.

☐ **say "please" and "thank you"**
Gracias.
Por favor.

☐ **respond to "thank you"**
No hay de qué.
De nada.

☐ **introduce yourself**
Soy el Sr. Martín.
Me llamo Marta García.

☐ **ask someone's name**
¿Su nombre, por favor?
¿Cómo se llama usted?

☐ **ask where someone comes from**
¿De dónde es usted, Sr. Martín?
¿Es usted de Madrid?
¿De dónde son ustedes?
¿De dónde eres, María? (Tu)

☐ **ask where someone lives**
¿Dónde vive?
¿Cuál es su dirección?

☐ **ask for telephone numbers**
¿Cuál es su/tu número de teléfono?

☐ **say where you and others come from**
Soy de Valencia.
Ana es de Sevilla.

☐ **say where you live**
Vivo en Madrid, en la calle Cervantes número seis.

☐ **count to fifteen**
uno, dos, tres, quatro, cinco, seis, siete, ocho, nueve, diez, once, doce, trece, catorce, quince

☐ **give your telephone number**
Mi número de teléfono es el 555.31.58.

 BERLITZ HOTSPOT Go to www.berlitzhotspot.com for...

 Social Networking
Network with and meet new friends learning Spanish just like you. Share what you've learned, ask questions, trade tips, find photos and more!

 Podcast 1
Your name, please?
Download this podca

Internet Activity
Are you interested in learning more Spanish names? Go to **Berlitz Hotspot** for a list of sites with Spanish names. Browse and pick three or four names you like. Practice saying those names. Try saying *Me llamo...* in front of each one.

 Video 1 – Finger Counting
People the world over use their fingers to count, but not always in the same direction. Spaniards start counting with their pinky, as do most Latin Americans. Watch the video to see how it's done.

Lesson 2 | People and Places

Gente y lugares

LESSON OBJECTIVES

Lesson 2 is about making introductions and telling time. When you have completed this lesson, you'll know how to:

- introduce others
- ask for and give information about names, nationalities and cities
- ask for and give the time

DIALOGUE

 Listen as señor Rodríguez meets and gets to know the Pérez family.

Carlos Pérez:	**¡Hola, buenas tardes! Soy Carlos Pérez.**
	Good evening. I'm Carlos Pérez.
Sr. Rodríguez:	**¡Mucho gusto! Soy Fernando Rodríguez.**
	Pleased to meet you! I'm Fernando Rodríguez.
Carlos Pérez:	**Mire, le presento a mi familia. Ésta es mi mujer, Ana.**
	Let me introduce you to my family. This is my wife Ana.
Sr. Rodríguez:	**¡Mucho gusto, señora!**
	Nice to meet you!
Ana Pérez:	**¡Encantada!**
	Pleased to meet you!
Carlos Pérez:	**Y éste es mi hijo, Pedro.**
	And this is my son Pedro.
Sr. Rodríguez:	**¿Qué tal, Pedro?**
	How is it going, Pedro?
Pedro Pérez:	**¡Encantado, señor Rodríguez!**
	Pleased to meet you Mr. Rodríguez!
Sr. Rodríguez:	**¿De dónde son ustedes?**
	Where are you from?
Carlos Pérez:	**Mi hijo Pedro y yo somos de Barcelona, pero Ana no es española**
	My son Pedro and I are from Barcelona, but Ana is not from Spain.
Sr. Rodríguez:	**¡Ah! ¿Cuál es su nacionalidad, señora?**
	What is your nationality?
Ana Pérez:	**Soy inglesa, de Londres.**
	I'm English, from London.
Sr. Rodríguez:	**¿Y dónde viven, en España o en Inglaterra?**
	And where do you live, in Spain or England?
Carlos Pérez:	**Vivimos en España, en Madrid.**
	We live in Spain, in Madrid.
Sr. Rodríguez:	**¡Ah! Nosotros también vivimos en Madrid.**
	Oh, we live in Madrid, too!

Use the following words and expressions to guide you through the lesson.

VOCABULARY

la ciudad	city	**la mujer**	woman, wife
Encantado/a.	Pleased to meet you.	**la nacionalidad**	nationality
		nosotros/as	we
este/esta	this (adjective)	**Perdone.**	Sorry. Excuse me.
éste/ésta	this one (pronoun)	**pero**	but
la familia	family	**también**	also, as well
la hija	daughter	**tú**	you
el hijo	son	**tu**	your
Hola.	Hi.	**¡Vale!**	OK!
la hora	hour (time)	**y**	and
Mucho gusto.	Nice to meet you.		

1. DIALOGUE ACTIVITY

A. Where is the Pérez family from?

Ellos son de España

B. Where do they live?

Ellos viven en Madrid

2. DIALOGUE ACTIVITY

Listen to the conversation again. Are the following statements true or false?

A. El Sr. Pérez es inglés. ☐ True ☑ False

B. El Sr. y la Sra. Pérez son de Madrid. ☑ True ☒ False

C. El Sr. y la Sra. Rodríguez viven en Madrid. ☑ True ☐ False

D. La Sra. Pérez es inglesa. ☑ True ☐ False

E. El Sr. y la Sra. Pérez viven en Madrid. ☑ True ☐ False

F. Pedro es de Barcelona. ☑ True ☐ False

19

3. **WRITING ACTIVITY**

Give an appropriate response to the following statements.

¡Hola, buenos días! Soy Pepe Soto.

¡Mucho gusto! Soy G. Bergen

Mire, le presento a mi familia. Ésta es mi mujer, Marisa.

Encantada, señora.

Y ésta es mi hija, Paula.

Qué tal, Paula

Now write a logical question to agree with the statement provided.

¿De dónde son ustedes?

Mi hija Paula y yo somos de Barcelona, pero Marisa no es española.

Ah. ¿Cuál es su nationalidad, Señora

Soy estadounidense, de Nueva York.

¿Y donde viven, en España o en los

Vivimos en España, en Sevilla.   Estados Unidos?

DID YOU KNOW?

The term *americano* or *americana* refers to someone from the Americas: Latin America, including Mexico, Central America, South America, and the Caribbean; the US; or Canada. If you are referring to someone who is from the US, you can use *estadounidense* for either a man or a woman.

Use the following nations, nationalities and cities to guide
you through the lesson.

NATIONS, NATIONALITIES & CITIES

Argentina	Argentina	**Francia**	France
Australia	Australia	**Inglaterra**	England
Ciudad de México	Mexico City	**inglés/inglesa**	English
Colombia	Colombia	**Londres**	London
España	Spain	**Madrid**	Madrid
español/a	Spanish	**mexicano/a**	Mexican
Estados Unidos	United States	**México**	Mexico
estadounidense	from the USA	**Nueva York**	New York
francés/francesa	French	**Sevilla**	Seville

4. SPEAKING ACTIVITY 66 99

Listen to these names of nationalities and make up simple sentences.

For Example:

inglés (English, male)   **Soy inglés.** I'm English. (male)

inglesa (English, female)   **Es inglesa.** She's English.

español/española (Spanish)

El es español
Ella es española

mexicano/mexicana (Mexican)
Soy mexicano
Es mexicana

americano/americana (from the Americas)
Soy estadounidense
es estadounidense

francés/francesa (French)
El es de Francia
El es francés francesa

australiano/australiana (Australian)
Soy Australiana

5. LISTENING ACTIVITY

Juan is a very popular person and has many friends. Listen to him introducing them. Look at the map and match the friends to the countries from which they come. Then circle the town where they live now.

Carlos   Inés   Pedro   Marta   Oscar   Elena   José

Juan: **¡Hola, buenos días! Les presento a mis amigos: éste es Carlos, es mexicano. Es de Cancún, pero vive en Acapulco.**

Juan: **Ésta es Inés. Es argentina, de Buenos Aires. Vive en Buenos Aires.**

Juan: **Éste es Pedro, es peruano. Es de Arequipa pero vive en Lima.**

Juan: **Ésta es Marta, es guatemalteca, de Ciudad de Guatemala, pero vive en Antigua.**

Juan: **Éste es Oscar, es chileno. Es de Valparaíso, pero vive en Santiago.**

Juan: **Ésta es Elena, es colombiana, de Cartagena, pero vive en Medellín.**

Juan: **Éste es José, es venezolano, es de Caracas y vive allí.**

6. ACTIVITY

Look at the country names and numbers. Then write the correct country number next to the correct nationality and city.

Example:

| 1 | España | 1 | español | 1 | Madrid |

	Países		Nacionalidades		Ciudades
2	Inglaterra	7	colombiano/a	6	Sydney
3	Francia	4	estadounidense	3	París
4	Estados Unidos	3	francés/francesa	5	Ciudad de México
5	México	6	australiano/a	7	Bogotá
6	Australia	8	argentino/a	2	Londres
7	Colombia	2	inglés/inglesa	8	Buenos Aires
8	Argentina	5	mexicano/a	4	Nueva York

7. READING ACTIVITY

Pedro meets María, Sr. Rodríguez's daughter.
What are some questions asked during their conversation?

Pedro: ¿Qué tal? Soy Pedro. ¿Cómo te llamas?

María: ¡Hola Pedro! Me llamo María.

Pedro: ¿De dónde eres María?

María: Soy de Sevilla pero vivo en Madrid. Y tú ¿dónde vives?

Pedro: Vivo en Madrid también pero soy de Barcelona.

María: ¿Ah sí? ¿Cuál es tu dirección?

Pedro: Plaza de España número quince.

María: Perdona, ¿qué hora es?

Pedro: ¡No sé! Un momento. Son las diez.

María: ¡Oh vale! ¿Cuál es tu número de teléfono?

Pedro: El cinco cinco cinco uno cinco uno cero.

A. **What are some of the questions asked in the dialogue?**

> Cómo te llamas. De dónde eres? Dónde viv
> Cúal es tu dirección? qué hora es?
> Cúal es tu numero de telefono?

B. **Did you notice that María and Pedro used tú (you) rather than usted (you)?**

> tú   te   tu
> (you)   (your)

8. WRITING ACTIVITY

Read through the dialogue and then fill in the blanks with the appropriate verb form.

Lucía: **Hola, soy Lucía. Tú, ¿cómo** te llamas **?**

Carla: **Me llamo Carla. Soy de Barcelona. ¿De dónde** eres **, tú?**

Lucía: **Mi familia y yo** somos **de Barcelona, pero ahora yo vivo en**

Madrid. ¿Todavía vives **en Barcelona?**

Carla: **Sí, vivo al lado de Plaza Cataluña. Y tu familia, ¿dónde** viven **?**

Lucía: **Vive en el barrio de Gracia.**

A friend of Lucía approaches

Lucía: **Carla, este** es **mi amigo, Juan. Juan, esta** es

Carla. Es **de Barcelona.** Vive **al lado de la**

Plaza Cataluña.

Juan: **Hola, Carla. Encantado.**

Carla: **Juan, ¿de dónde** eres **? ¿De Madrid?**

Juan: **No, no.** Soy **de Argentina, pero tengo muchos amigos que**

viven **en Madrid.**

Lucía: **Perdona, Juan ¿qué hora es?**

Juan: Son **las ocho.**

GRAMMAR

Tú ("you" informal) is used with the second person singular of the verb: *tú vives. Usted* ("you" formal), like *él* and *ella*, is used with the third person singular of the verb: *usted vive.*

The first person plural forms *nosotros/as* (we) of the verbs *ser* (to be) and *vivir* (to live), are *somos* and *vivimos.* The third person plural forms *ustedes* ("you" formal), *ellos, ellas* (they) are *son* and *viven.*

9. **LISTENING ACTIVITY**

Listen to the way the time is said in Spanish. Note that after 1 o'clock, the verb changes from *es* to *son.*

1	Es la una.	7	Son las siete.
2	Son las dos.	8	Son las ocho.
3	Son las tres.	9	Son las nueve.
4	Son las cuatro.	10	Son las diez.
5	Son las cinco.	11	Son las once.
6	Son las seis.	12	Son las doce.

To emphasize the fact that it's the exact time, add *en punto* (o'clock), but it's not necessary to say it. Look at the watch: *¿Qué hora es? Son las nueve en punto.*

10. **WRITING ACTIVITY**

Write out the time for each clock.

AM

a. es la una

PM

c. Son las siete

PM

b. Son las dos

AM

d. son las doce

25

GRAMMAR

For any time that does not fall exactly on the hour, you will need to use the word *y* (and), for the first half of the hour, or *menos* (minus), for the second half of the hour.

For the second half of the hour, you state the hour coming up, e.g., *las siete* (7), followed by the word *menos* (minus) and the minutes or a time expression, e.g., *las siete menos veinte* (6:40), *las siete menos cuarto* (6:45) or *las siete menos cinco* (6:55).

11. LISTENING ACTIVITY

 Listen to the times. For each, mark the correct time on the clock.

A.   B.   C.   D.

E.   F.   G.   H.

DID YOU KNOW?

In Spanish, time is usually written using the 24-hour clock, but said using the hour followed by the expression *de la mañana* (in the morning), *de la tarde* (in the afternoon) or *de la noche* (at night).

12. WRITING ACTIVITY

Read the following times aloud in Spanish and then write them out:

19:30 las siete y ~~treinta~~ media (7:30)

10:45 Son las once menos quince

13:25 ~~Son la dos~~ ~~menos~~ (1:25)
es la una y ~~veintidose~~ veinticinco

12:40 es la una menos veinte

8:15 son las ocho y quince

6:55 son las siete meno cinco

13. READING ACTIVITY

Read the note below concerning the conference and write the relevant details on the sticky note.

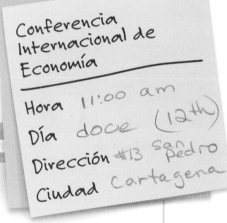

Conferencia Internacional de Economía

Hora 11:00 am
Día doce (12th)
Dirección #13 San Pedro
Ciudad Cartagena

Conferencia
Internacional de Economía

Información

La Conferencia Internacional de Economía es el día doce a las once de la mañana en la calle San Pedro, nº trece, de Cartagena.

Check It!

Test what you've learned in this lesson and review anything you're not sure of.

CAN YOU . . . ?

le presento – (single)
les presento – (more than one)

☐ **introduce someone else**
Le presento a mi familia.
Ésta es mi mujer Ana.
Éste es Pedro, mi hijo.

☐ **say you are pleased to meet someone**
Mucho gusto.
Encantado/a.

☐ **say a number of country names**
Colombia
España
Inglaterra
Estados Unidos
México

☐ **say a number of relevant nationalities**
colombiano/a
español/a
inglés/inglesa
estadounidense
mexicano/a

☐ **identify a number of Spanish-speaking cities on a map**
Buenos Aires
Lima
Santiago

☐ **distinguish between the *tú* and *usted* form of the verb**
tú eres/es   *usted*
tú vives/vive   *usted*

☐ **ask for the time**   *(Perdon*
¿Qué hora es?

☐ **say the time**
Es la una.
Son las dos y media.

BERLITZ HOTSPOT   Go to www.berlitzhotspot.com for...

 Social Networking
introduce yourself at **Berlitz Hotspot**. Use this model: *Hola, me llamo* (your name). *Soy de* (your location). *Vivo en* (your location).

 Podcast 2
The people in Spain kiss as a greeting!
Download this podca

Internet Activity
Would you like to learn more country names and nationalities? Go to **Berlitz Hotspot** for a list of sites with maps in Spanish. Practice making questions or statements regarding the countries and their residents, like *¿Es usted de Canadá?* or *Mi mujer es de Japón.*

 Video 2 – How to Kiss Hello
In Spain, friends, family members and close acquaintants greet each other with two kisses—watch the video to see how it's done. In most other Spanish-speaking countries one kiss on the right cheek or a hug will do. In a professional or formal setting, strangers will normally shake hands.

Lesson 3 | What's Going On?

¿Qué pasa?

Lesson 3 is about communicating with people. When you have completed this lesson, you'll know how to:

- answer and ask for someone on the telephone
- spell your name and address

DIALOGUE

Listen as señora Falcón, the personnel director of a company, is talking to someone who is applying for a job.

Sra. Falcón:	**¿Dígame?**
	Hello?
Sra. Baquero:	**Buenas tardes, ¿la señora Falcón?**
	Good afternoon, Sra. Falcón?
Sra. Falcón:	**Sí, soy yo.**
	Yes, it's me.
Sra. Baquero:	**¿Cómo está, señora Falcón? Soy la señora Baquero.**
	How are you? This is Sra. Baquero.
Sra. Falcón:	**¡Ah, sí, perdone! ¿Cómo se escribe Baquero, con B larga o b corta?**
	Oh, yes, excuse me! How do you spell Baquero, with a B or V?
Sra. Baquero:	**Con B larga: B-A-Q-U-E-R-O.**
	With a B: B-A-Q-U-E-R-O.
Sra. Falcón:	**¡Ah, sí! ¡Sí, dígame!**
	Oh, yes! How can I help you?

1. DIALOGUE ACTIVITY

A. How does Sra. Falcón answer the telephone?

B. How does Sra. Falcón ask for clarification about the spelling of Sra. Baquero's last name?

Use the following words and expressions to
guide you through the lesson.

VOCABULARY

el apellido	last name	**escribir**	write (spell)
la calle (C/)	street	**el paseo (Pº)**	boulevard (walk)
el código postal	zip code	**la plaza**	square
¿Cómo?	How?	**¿Qué?**	What
¿Cómo está?	How are you?	**¿Qué pasa?**	What's going on?
¿Cómo se escribe...?	How do you spell...?	**¿Quién?**	Who?
¿Dígame?	Hello! (on the phone)	**el teléfono**	telephone

2. **LISTENING ACTIVITY**

 Listen to the Spanish alphabet,
then practice saying it aloud.
Can you spell your full name?

Spanish
Alphabet

A B C D E F G

H I J K L M N

Ñ O P Q R S T

U V W X Y Z

DID YOU KNOW?

Until recently there were two more letters in the Spanish alphabet: *ch*
and *ll*. These have now disappeared as separate letters by order of the
Spanish Royal Academy of Language and have become combined letters
as in English: *c+h = ch, l+l = ll*. However, you might still find them in
dictionaries as separate letters. The letters *w* and *k* are used mostly for
foreign words. The letter *ñ* is still a separate letter and comes after *n*.

3. WRITING ACTIVITY

Translate the missing words in the dialogue between Sr. Marín, in Human Resources, and Sr. Vince. Refer to the Dialogue and the Vocabulary sections if necessary.

Sr. Marín: **¿Sí,** [_____] **?**
Hello

Sr. Vince: [_____] **, ¿el señor Marín, por favor?**
Good afternoon

Sr. Marín: **Sí, soy yo.**

Sr. Vince: **¿** [_____] **, señor Marín? Soy el señor Vince.**
How are you

Sr. Marín: **¿Cómo** [_____] **? No entiendo su** [_____] **.**
are you called   last name

Sr. Vince: [_____] **el señor Vince.**
I am

Sr. Marín: **¿Cómo se** [_____] **?**
spell it

Sr. Vince: **V-I-N-C-E**

Sr. Marín: **¡Ah, Vince!** [_____] **.**
Excuse me

         Usted no es [_____] **, ¿verdad?**
Spanish

Sr. Vince: **No. Soy** [_____] **.**
American

Sr. Marín: **¡Ah,** [_____] **! Dígame, Sr. Vince.**
OK

4. LISTENING ACTIVITY

Listen to the spelling of these words and write them down.

1.
2.
3.
4.
5.
6.
7.
8.
9.
10.
11.

5. LISTENING ACTIVITY

Your friend at the office asks you to check her voicemail. Write down the name and phone number for each of the callers and include the time they called.

mensajes
TELEFÓNICOS
telephone messages

Nombre _____
name

Hora _____
time

Número de teléfono
telephone number

_____

Mensaje 1:
¡Hola! Soy Carlos Herrero. Son las cinco y media. Se escribe H-E-R-R-E-R-O. Mi número de teléfono es el cinco cinco cinco nueve siete tres dos.

Mensaje 2:
Hola, ¿qué tal? Soy Teresa Yuste. Se escribe con Y: Y-U-S-T-E. Son las diez y media. Mi número de teléfono es el cinco cinco cinco cuatro cero uno dos.

Mensaje 3:
¡Buenas tardes! Son las tres y cuarto. Mi nombre es Luis Zamora, se escribe: Z-A-M-O-R-A. Mi número de teléfono es el cinco cinco cinco treinta y cuatro, ochenta y nueve.

mensajes
TELEFÓNICOS
telephone messages

Nombre _____
name

Hora _____
time

Número de teléfono
telephone number

Mensaje 4:
¡Hola, buenos días! Me llamo María Chueca. Se escribe C-H-U-E-C-A. Mi número de teléfono es el cinco cinco cinco nueve cero ocho tres y es la una en punto.

mensajes
TELEFÓNICOS
telephone messages

Nombre _____
name

Hora _____
time

Número de teléfono
telephone number

_____

mensajes
TELEFÓNICOS
telephone messages

Nombre _____
name

Hora _____
time

Número de teléfono
telephone number

_____

33

PRONUNCIATION

Spanish Vowels

Spanish has five vowels—*a, e, i, o, u*—which are very short and clearly pronounced (with few exceptions). You must pay attention when spelling *e* and *i*, which are especially confusing for English speakers. *Y* sounds like Spanish *i* when it functions as a vowel: *soy* (I am), *y* (and), *Ybarra* (last name).

Accent marks are used primarily to mark where the stress falls in a longer word (the longest, loudest syllable) or in some cases to distinguish between homographs: *si* = if, *sí* = yes; *el* = the (masculine), *él* = he.

6. SPEAKING ACTIVITY

Call señora Falcón. Fill in your part of the conversation using the prompts.

Sra. Falcón:	**¿Dígame?**
Usted:	Say hello and ask if this is señora Falcón.
Sra. Falcón:	**Sí, soy yo.**
Usted:	Say who you are and ask how she is.
Sra. Falcón:	**¡Ah, sí! Perdone, ¿cómo se escribe su nombre?**
Usted:	Spell your name.
Sra. Falcón:	**¡Ah, sí, sí! ¿De dónde es usted?**
Usted:	Say where you are from.
Sra. Falcón:	**Y ¿cuál es su dirección?**
Usted:	Say your full address.
Sra. Falcón:	**Perdone, ¿cómo se escribe?**
Usted:	Spell the names of your street, town, state and say your zip code.

GRAMMAR

The possessive adjectives in Spanish are *mi* (my), *tu* (your), and *su* (his, her, your). Be careful not to confuse the possessive *tu*, without an accent, with the personal pronoun *tú* (you), which has an accent.

7. SPEAKING ACTIVITY 66 99

Pay attention to the way the vowels are pronounced in this conversation. Try to imitate the speaker's pronunciation making an effort to keep your vowels short but clear.

¿Su nombre, por favor?	**¿Dónde vive?**
José Domingo.	**Vivo en Toledo.**
¿De dónde es usted?	**¿Su número de teléfono?**
Soy de Palma de Mallorca.	**El cero seis siete uno siete cinco cuatro.**

8. WRITING ACTIVITY

Fill in the possessive adjective according to the prompt for each noun given.

_____ **calle**		_____ **familia**	
my		your informal	
_____ **apellido**		_____ **hija**	
his		her	
_____ **móvil**		_____ **nacionalidad**	
your informal		your formal	
_____ **ciudad**		_____ **hijo**	
her		his	
_____ **fijo**		_____ **dirección**	
your formal		my	

LEARNING TIP

Write down the sentences and words you have learned on cards. Separate the questions and the answers. Study them. Put the questions and answers that correspond together. Then write the equivalents in English on different colored cards. Mix them up. Match the Spanish with the English equivalent. Then try to make a dialogue using all the Spanish cards.

Check It!

Test what you've learned in this lesson and review anything you're not sure of.

CAN YOU . . . ?

☐ **answer the phone**
¿Dígame?
¿Sí?

☐ **ask for someone on the phone**
Buenos días, ¿la señora Falcón?
Buenas tardes, ¿el señor Marín, por favor?

☐ **say the Spanish alphabet**

☐ **ask someone how their name and address are spelled**
¿Cómo se escribe...?

☐ **spell your name and address**
Mi nombre se escribe....

☐ **indicate grammatical possession**
mi, tu, su

Learn More

Search the internet for Spanish language newspapers and go to th foreign news section, usually calle *Internacional*. Scan the headlines and articles and see how many country names you recognize.

BERLITZ HOTSPOT Go to www.berlitzhotspot.com for...

 Social Networking
Share your thoughts on the Spanish alphabet. Are any of the sounds confusing or challenging for you? Do you have any funny pronunciation stories? Share them with your new friends.

 Podcast 3
Is that spelled with B or V? Download th podcast.

Internet Activity
Would you like to learn some of the names of the most famous locations in Spain?
Go to **Berlitz Hotspot** for links to Spanish tourism sites. Pick a few locations that sound interesting to you and spell the place names aloud.

Lesson 4 | I'd Like a Coffee, Please.

Quiero un café, por favor.

LESSON OBJECTIVES

Lesson 4 is about ordering in a restaurant. When you have completed this lesson, you'll know how to:

- order in a restaurant
- count to 199
- ask for prices

DIALOGUE

 Listen as Ariadna orders a snack in a café.

Camarero:	**Buenos días. ¿Qué quiere tomar?** Good morning. What would you like?
Ariadna:	**Quiero un café por favor.** I want a coffee please.
Camarero:	**¿Solo o con leche?** Black or with milk?
Ariadna:	**Con leche, por favor.** With milk please.
Camarero:	**¿Quiere comer algo?** Would you like something to eat?
Ariadna:	**Sí, un pastel.** Yes, a piece of cake.
Camarero:	**¿Algo más?** Anything else?
Ariadna:	**Nada más, gracias.** Nothing else, thank you.
Camarero:	**¡Aquí tiene!** Here you are.

1. DIALOGUE ACTIVITY

A. What does Ariadna order at the café?

Use the following words and expressions to
guide you through the lesson.

VOCABULARY

las aceitunas	olives	**el pastel**	cake
el agua mineral	mineral water	**las patatas fritas** (Spain)	French fries
el bocadillo	sándwich (on French bread)	**las papas fritas** (Lat. Am)	French fries
el café solo	black coffee	**para mí**	for me
el café con leche	coffee with milk	**Póngame...**	Give me...
la cerveza	beer	**el refresco**	soft drink
con gas/sin gas	carbonated/ non-carbonated	**el té (con limón)**	tea (with lemon)
el cortado	coffee with a dash of milk (a small *café con leche*)	**tomar**	have/take/eat/ drink
		la tortilla	omelet
¿Cuánto es?	How much is it?	**¿Qué desea?**	What would you like?
cuesta	costs		
el euro	euro (European currency)	**un/una**	a
		unas/unos	some
la hamburguesa	hamburger	**el vaso**	glass (drinking)
el helado	ice cream	**(copa de) vino**	(glass of) wine
el jugo de naranja (Lat. Am.)	orange juice	**el zumo de naranja** (Spain)	orange juice

DID YOU KNOW?

Sándwich is an English word
popularized in Latin America.
Although *sándwich* now appears
in Spanish dictionaries you
may also see *emparedado*, the
original word for "sandwich,"
on menus in countries such as
Spain, although this is not very
common.

2. LISTENING ACTIVITY

 Listen to some people ordering food and drink in a Spanish bar and number the items on the menu in the order you hear them.

Una cerveza, por favor.
A beer, please.

Quiero un helado, por favor.
I'd like ice cream, please.

Para mí un refresco, por favor.
A soda for me, please.

Póngame un vaso de vino, por favor.
Give me a glass of wine, please.

Quiero un cortado.
I'd like a coffee with a little milk.

Una hamburguesa, por favor.
A hamburger, please.

Póngame unas aceitunas, por favor.
Give me some olives, please.

Para mí un té con limón.
A tea with lemon for me.

Bar Pepe

- Cerveza
- Hamburguesa
- Helado
- Refresco
- Cortado
- Té con limón
- Vino
- Aceitunas

3. SPEAKING ACTIVITY

Practice ordering some of the items off the menu using the expressions you've learned:

Quiero…

Póngame…

DID YOU KNOW?

 Although you may order a glass of wine as *un vaso de vino*, the customary way to drink wine is with a special wine glass, which is called *una copa*. So you could ask for *una copa de vino*.

GRANMAR

Un and *una* can be translated as either "one" or "a." *Un* is used with masculine words (*café*, *bocadillo*, etc.) and *una* is used with feminine words (*cerveza*, *tortilla*, etc.). *Unos* (m)/*unas* (f) work the same way and mean "some."

4. WRITING ACTIVITY

It's time for a *fiesta*. Prepare a list of snacks and drinks for the party using the menu and the Vocabulary list. Write the name of each item with *un*, *una*, *unos* or *unas*.

5. SPEAKING ACTIVITY

It's time to pay! You'll need to know numbers to understand prices. Listen to the numbers and practice saying them aloud.

16	dieciséis	18	dieciocho	20	veinte	22	veintidós
17	diecisiete	19	diecinueve	21	veintiuno	30	treinta

After *treinta*, numbers continue regularly as follows:

31	treinta y uno	50	cincuenta	80	ochenta
32	treinta y dos	60	sesenta	90	noventa
40	cuarenta	70	setenta	100	cien

In the numbers after one hundred, *cien* becomes *ciento*:

101	ciento uno	150	ciento cincuenta
110	ciento diez	185	ciento ochenta y cinco

41

6. READING ACTIVITY

Some customers in a bar are asking how much things cost. Read the menu and answer the customers. One has been done for you.

1. **¿Cuánto es el café?**

   El café cuesta un euro cincuenta.

2. **¿Y cuánto es el pastel?**

3. **¿Cuánto es el vino?**

4. **¿Y el bocadillo? ¿Cuánto es el bocadillo?**

5. **Por favor, ¿cuánto es el agua mineral?**

Bar
Mari Carmen
....
bocadillo ... 3,20€
pastel ... 2,50€
agua
mineral ... 1,25€
café ... 1,50€
vino ... 3,95€

DID YOU KNOW?

In Spain, the currency symbol is written after the price, and the decimal point is replaced by a comma; so, you'll see, for example, 1,50€. In most Latin American countries, prices are generally written as in the UK and US; in Mexico, for example, you'll see $1.50.

When saying how much something costs, only add *y* between the euros and cents when you include the word *céntimos*. Otherwise, omit the *y*.

Example: Something that costs 1,20€ would be either *un euro veinte* or *un euro y veinte céntimos*.

DID YOU KNOW?

¿Quieres ir a tomar una cerveza? (Want to go get a beer?) In Spain you can say *Vamos a por unas cañas* or *cañitas*, which is beer on tap (literally little sugar canes). In Mexico you can say *Vamos a por unas chelas* (*Chela* is the diminutive for the name *Graciela*).

7. SPEAKING ACTIVITY

You are in a Spanish bar with three friends who do not speak Spanish. Use all the different ways of ordering you've learned following the prompts.

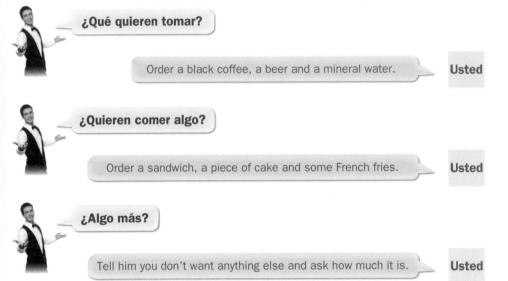

¿Qué quieren tomar?

Order a black coffee, a beer and a mineral water.   **Usted**

¿Quieren comer algo?

Order a sandwich, a piece of cake and some French fries.   **Usted**

¿Algo más?

Tell him you don't want anything else and ask how much it is.   **Usted**

Check It!

Test what you've learned in this lesson and review anything you're not sure of.

CAN YOU . . . ?

☐ **ask what someone wants**
¿Qué quiere?
¿Qué desea?

☐ **ask for something to eat and drink**
Una cerveza, por favor.
Quiero un café, por favor.
Póngame un bocadillo de queso.

☐ **say that you don't want (to order) anything else**
Nada más, gracias.

☐ **say that you want one/some of something**
un/una
unos/unas

☐ **say the numbers up to 199**
treinta y cinco
cuarenta y ocho
ciento diez

☐ **ask for prices**
¿Cuánto es?

☐ **understand prices**
noventa céntimos
un euro veinte

BERLITZ HOTSPOT   Go to www.berlitzhotspot.com for...

 Social Networking
Tell your friends about your favorite Spanish foods or drinks.

 Podcast 4
How many toothpicks do you have? That'll 16€ please. Download the podcast.

 Internet Activity
Do you like Spanish food? Go to **Berlitz Hotspot** for links to some famous Spanish restaurants. Have a look at the sites and practice ordering some dishes that sound interesting to you.

 Video 3 – Getting the Waiter's Attention
In Spain and some countries Latin America, the waiter/waitress will stop by your table only to take your order, serve you, and provide the bill. If you need help while dining, you need to get the waiter's attention by signaling with your hand as shown in the video.

Lesson 5 — Would You Like Something to Drink?

¿Quiere beber algo?

DIALOGUE

Sr. Medina and his younger sister, Sra. Medina are at a colleague's home. Listen to the conversation:

Sr. Martínez: **Señora Medina, ¿quiere beber algo?**
Would you like something to drink, Sra. Medina?

Sra. Medina: **Sí, gracias.**
Yes, please.

Sr. Martínez: **¿Qué prefiere? ¿Vino, jerez, sangría, un whisky?**
What would you like: wine, sherry, sangría, whiskey?

Sra. Medina: **Un vino, por favor.**
A glass of wine, please.

Sr. Martínez: **¿Prefiere vino tinto o vino blanco?**
Red or white?

Sra. Medina: **Prefiero vino blanco, muchas gracias.**
I prefer white wine, thank you.

Sr. Martínez: **Y usted señor Medina, ¿qué quiere tomar? ¿Quiere vino, jerez...?**
And you, Sr. Medina, what would you like to have?
Would you like wine, sherry...

Sr. Medina: **¡No, no, gracias! Prefiero un agua mineral, por favor.**
No, no, thank you! I prefer mineral water, please.

Sr. Martínez: **¿Con gas o sin gas?**
Carbonated or non-carbonated?

Sr. Medina: **Con gas.**
Carbonated.

Sr. Martínez: **¡Aquí tiene!**
Here you are!

Sr. Medina: **Gracias.**
Thank you.

Use the following words and expressions to guide you through the lesson.

VOCABULARY

los aperitivos	snacks
el batido de fresa (Spain)	strawberry shake
la carne	meat
las enchiladas (Lat. Am.)	a kind of pancake filled with meat or cheese
el jerez	sherry
el jugo de papaya (Lat. Am.)	papaya juice
el jugo de toronja (Lat. Am.)	grapefruit juice
las/los	the (plural)
el licuado de fresa (Lat. Am.)	strawberry shake
o	or
picar	snack, nibble on something
relleno/a de queso	filled with cheese
la sangría	drink made with wine, liquor, lemonade, and fruit
también	too, also
la tortilla	omelet (Spain)/a thin cornmeal or wheat pancake (Mexico)
el vino blanco	white wine
el vino tinto	red wine
el whisky	whiskey
el zumo de papaya (Spain)	papaya juice
el zumo de pomelo (Spain)	grapefruit juice

1. DIALOGUE ACTIVITY

A. What drinks does Sr. Martínez offer to the Medina siblings?

B. What does Sra. Medina prefer? And Sr. Medina?

DID YOU KNOW?

In Spain *tomar el aperitivo*, that is, to have a drink and/or a snack before a meal, is typical. The snacks are called *tapas* and can be anything from a small plate of fried potatoes (*bravas*) or olives to a portion of Spanish omelet or meatballs (*albóndigas*).

2. LISTENING ACTIVITY

 Listen to the first part of the dialogue and fill in the blanks.

Sr. Martínez: **Señora Medina, ¿** [_____] **beber algo?**

Sra. Medina: **Sí, gracias.**

Sr. Martínez: **¿** [_____] **vino, jerez, sangría, un whisky...?**

Sra. Medina: **Eh...** [_____] **, por favor.**

Sr. Martínez: **¿** [_____] **o vino blanco?**

Sra. Medina: [_____] **blanco. Muchas gracias.**

Now listen to the conversation again to check your answers.

3. SPEAKING ACTIVITY

 Practice offering the following foods and drinks with the help of the speaker. Try to pronounce the phrases like the speaker, using the same intonation.

vino (wine)	**¿Quiere vino?**
agua (water)	**¿Quiere agua?**
patatas fritas (French fries)	**¿Quiere patatas fritas?**
whisky	**¿Quiere whisky?**

Now offer a choice. Practice saying:

¿Vino o jerez?

¿Prefiere vino o jerez?

¿Vino blanco o vino tinto?

Practice offering the following items, alone and as a choice: *cerveza, café, té, un refresco, agua con gas, agua sin gas, aceitunas, patatas fritas, un bocadillo*, etc.

DID YOU KNOW?

 Since *w* is a letter that is not found in Spanish words, but only in words of foreign origin, Spanish speakers have a hard time pronouncing this sound. Their pronunciation often sounds like it has a *g* in front. You can even see this reflected in the spelling, since on some local menus, "whiskey" is written as it's pronounced: *güisqui*.

4. LISTENING ACTIVITY

María takes her American friend Frank to a Spanish party. María is explaining what kinds of food and drink are available to Frank. Listen to the dialogue, then answer the questions.

María: **¿Quieres tomar algo?**

Frank: **Sí, ¿qué es esto?**

María: **Es jugo de papaya, y esto es jugo de toronja, y esto es licuado de fresa. También hay cerveza. ¿Prefieres un jugo o una cerveza?**

Frank: **Prefiero una cerveza.**

María: **¿Quieres una enchilada?**

Frank: **¿Qué es una enchilada?**

María: **Es una tortilla rellena de queso o de carne.**

Frank: **¡Sí, gracias!**

María: **¿Quieres unas papas fritas?**

Frank: **¿Qué son las papas?**

María: **Son patatas.**

Frank: **¡No...no, gracias!**

1. **How many types of drinks does Frank have to choose from?**

2. **Are enchiladas Mexican or Spanish?**

3. **Can you name two typical Mexican foods and two typical Spanish foods?**

4. **Finally, what does Frank choose to eat and drink?**

5. SPEAKING ACTIVITY

Now you take part in the dialogue. Look at the picture and ask questions like *¿Qué es esto?* (What is this?) or *¿Qué son...?* (What are...?) based on the images. Then give an explanation using the vocabulary that you have learned. Try to incorporate new words from the Vocabulary section and practice asking what they are. Use the phrases: *¿Qué es...?*/*¿Qué son...?*

6. WRITING ACTIVITY

Consider the conversation between Frank and María again. Take the part of Frank. Using the information in the prompts, write a response.

María: **¿Quieres tomar algo, Frank?**

Frank:
> Say yes. Ask what something is.

María: **Es jugo de papaya. Y esto es jugo de toronja...esto es licuado de fresa... también hay cerveza...**

Frank:
> Say you'd prefer a beer.

María: **¿Quieres una enchilada?**

Frank:
> Ask what it is.

María: **Es una tortilla rellena de queso o de carne.**

Frank:
> Say yes.

María: **¿Quieres unas papas fritas?**

Frank:
> Ask what they are.

María: **Son patatas.**

Frank:
> Refuse politely.

7. SPEAKING ACTIVITY

Can you ask the following questions in Spanish?

What would you like to eat?

What would you like to drink?

Would you like to snack on something?

Which do you prefer?

Sparkling water or still water?

Would you like white wine or red wine?

8. READING ACTIVITY

Which of the Spanish drinks that we have learned the names of so far are your favorite? And what about coffee? Do you like coffee? Read the following text written by Luis, a waiter in a famous Spanish café. Then answer the questions.

When do Spaniards drink their coffee?

List the names of the different types of coffee.

En España tomamos mucho café. Los españoles toman café a todas horas y de muchas maneras diferentes. Se toma café solo, que es como el café expreso. También hay café con leche y cortado. Un cortado es un café solo, o expreso, con un poco de leche, pero muy poca. Si prefieres el café más suave, también hay café largo o americano, que es café solo pero con más agua. Un carajillo es un café solo con algún tipo de licor, como cognac o anís. En el verano son muy populares el granizado, que es café helado, y el café con hielo. En muchas cafeterías también sirven blanco y negro, que es café con helado de nata o vainilla. Ya digo: ¡tenemos muchas maneras de tomar el café!

GRAMMAR

When offering someone something in a formal way, use the expression *¿Quiere...? ¿Quiere vino?*

However, when talking to a child, family member or in a familiar way, use *¿Quieres...? ¿Quieres papas fritas?*

When asking for something, use the first person of the verb, *Quiero...,* and sometimes add the personal pronoun *yo* for emphasis, especially when it shows a contrast in regard to other speakers, *¿Tú que quieres? Porque yo quiero...* (What do you want? Because I want...).

9. **LISTENING ACTIVITY**

 Now listen to Luis talk about coffee. And answer the questions:
Which type(s) of coffee...

...has alcohol?

...is frozen?

...has a lot of water?

...has ice cream?

...has ice?

10. SPEAKING ACTIVITY "99

Sr. Martínez has come to pay a visit to the Medina family. Complete the conversation between Sr. Martínez, Sr. and Sra. Medina, and their niece María, according to the prompts. Remember to pay attention to *usted* versus *tú*.

Sr. Medina:

Would you like something to drink, señor Martínez?

Sra. Medina:

Yes, what would you like to drink?

Sr. Martínez:

I'd like...

Sr. Medina:

Wine, sherry, sangría, whiskey, a soft drink, water...?

Sr. Martínez:

A glass of wine, please.

Sra. Medina:

Do you prefer red or white wine?

Sr. Martínez:

I prefer red wine, thank you.

Sr. Medina:

Here you are.

Sra. Medina:

A glass of wine for me too. A glass of white wine.

Sr. Medina:

And you, María? What do you want?

María:

A soft drink, please.

Check It!

Test what you've learned in this lesson and review anything you're not sure of.

CAN YOU . . . ?

☐ **offer someone food and drinks**
¿Quiere un café?
¿Quieres un café?
¿Qué quiere tomar?

☐ **ask what something is/are**
¿Qué son...?
¿Qué es...?

☐ **ask someone about his/her preferences**
¿Prefiere agua con gas o sin gas?
¿Quieres café o té?

BERLITZ HOTSPOT   Go to www.berlitzhotspot.com for...

Social Networking
Chat with your friends about the Spanish food you've sampled, or would like to try. Ask them about their Spanish food and drink preferences.

Podcast 5
Red, white or bubbly
Download this podca

Internet Activity
Do you like Spanish food? Go to **Berlitz Hotspot** for links to some famous Spanish restaurants. Have a look at the sites and practice ordering some dishes that sound interesting to you.

Lesson 6 | Do You Have Postcards?

¿Tiene postales?

LESSON OBJECTIVES

Lesson 6 is about buying things. When you have completed this lesson, you'll know how to:

- understand an offer of assistance in a shop
- ask for what you want to buy in a shop

DIALOGUE

🔊 Listen to these people buy ice cream.

Camarero: **¿Qué le pongo?**
What would you like?

Cliente: **Un helado de fresa, por favor. ¿Cuánto es?**
A strawberry ice cream, please. How much is it?

Camarero: **Dos euros.** €2.

Camarero: **¿Qué quieres?**
What would you like?

Cliente: **Quiero un helado de limón. ¿Cuánto cuesta?**
I'd like a lemon ice cream. How much is it?

Camarero: **Dos euros.** €2.

Camarero: **¿Qué le pongo?**
What would you like?

Cliente: **Póngame un helado de chocolate. ¿Cuánto es?**
Give me a chocolate ice cream. How much is it?

Camarero: **Dos euros y diez céntimos.** €2.10.

Camarero: **¿Qué quieres?**
What would you like?

Cliente: **Deme un helado de naranja por favor. ¿Cuánto es?**
Give me an orange ice cream, please. How much is it?

Camarero: **Dos euros.** €2.

Camarero: **¿Qué le pongo?**
What would you like?

Cliente: **¿Puede darme un helado de vainilla? ¿Cuánto es?**
Could you give me a vanilla ice cream? How much is it?

Camarero: **Dos euros y veinte céntimos.** €2.20.

Camarero: **¿Qué le pongo?**
What would you like?

Cliente: **Quiero un helado de café. ¿Cuánto es?**
I'd like a coffee ice cream. How much is it?

Camarero: **Dos euros y diez céntimos.** €2.10.

Use the following words and expressions to guide you through the lesson.

VOCABULARY

algo	something	el periódico	newspaper
aquí	here	el plano	map (of the town)
el bolígrafo	(ball point) pen	la postal	postcard
la ciudad	city	¿Puede darme...?	Could you give me...?
el color	color	¿En qué puedo servirle?	How may I help you?
deme	give me		
el diccionario	dictionary	la región	region
el diccionario de español	Spanish dictionary	la revista	magazine
		el sello	stamp
el estanco	tobacco and stamp shop	la tarjeta de memoria	memory card (for digital cameras)
la fresa	strawberry	la tienda	shop
el kiosco	kiosk	la tienda de fotografía	photo/camera shop
la librería	bookstore		
el limón	lemon	la vainilla	vanilla
el mapa	map	vendedor/a	salesperson
la naranja	orange	dependiente/a	salesclerk
la papelería	stationery store		

1. DIALOGUE ACTIVITY

A. Which flavors of ice cream are mentioned in the dialogues?

2. LISTENING ACTIVITY

Listen to various people buying ice cream again. Put the number of the customer on the appropriate ice cream flavor, then listen again and write the price of each ice cream below it.

3. LISTENING ACTIVITY

Listen to the dialogues and, using the prompts, play the part of the client.

Camarero: **¿Qué le pongo?**

Usted: Say you want a strawberry ice cream and ask how much it is.

Camarero: **Dos euros.**

....

Camarero: **¿Qué quieres?**

Usted: A lemon ice cream. Ask how much it is.

Camarero: **Dos euros.**

....

Camarero: **¿Qué le pongo?**

Usted: Ask for a chocolate ice cream and ask how much it is.

Camarero: **Dos euros y diez céntimos.**

....

Camarero: **¿Qué quieres?**

Usted: Ask for an orange ice cream and ask how much it is.

Camarero: **Dos euros.**

....

Camarero: **¿Qué le pongo?**

Usted: Say you want a vanilla ice cream and ask how much it is.

Camarero: **Dos euros y veinte céntimos.**

....

Camarero: **¿Qué le pongo?**

Usted: Ask for a coffee ice cream and ask how much it is.

Camarero: **Dos euros y diez céntimos.**

DID YOU KNOW?

In Spain, you can find special shops called *estancos*, which mainly sell stamps and cigarettes, but also postcards, sweets and some have magazines. They are all recognized by a special sign bearing the red and yellow colors of the Spanish flag. They are owned by the government which has a monopoly on the sale of tobacco and stamps.

4. ACTIVITY

Now look at the shopping list of items you want to buy. Where would you buy them? Match the items with the shop. You can buy some of the items in more than one place.

revista

diccionario

bolígrafo

mapa

postales

sello

plano

KIOSCO

ESTANCO

PAPELERÍA

LIBRERÍA

FOTOGRAFÍA

5. LISTENING ACTIVITY

Now listen to the dialogues and fill in the chart.
What do the customers buy, and how much do the items cost?
The first one is done for you.

Clientes	Artículos	Precios
1	revista	2,10€
2		
3		
4		
5		

Cliente: **Por favor, ¿cuánto cuesta esta revista?**

Vendedor: **Dos euros y diez céntimos.**

Cliente: **Aquí tiene.**

Vendedor: **¿Qué desea?**

Clienta: **¿Puede darme un diccionario de español?**

Vendedor: **¿Quiere éste?**

Clienta: **Sí, ¿cuánto cuesta?**

Vendedor: **Cinco euros.**

Vendedora: **¿Qué desea?**

Cliente: **¿Tiene un mapa de la región?**

Vendedora: **Sí, aquí tiene. ¿Algo más?**

Cliente: **Sí, un plano de Madrid y un bolígrafo, por favor.**

Vendedora: **Aquí tiene. Son ocho euros y setenta céntimos.**

Vendedora:	**¿En qué puedo servirle?**
Cliente:	**Deme un sello de cincuenta céntimos por favor.**
Vendedora:	**¿Algo más?**
Cliente:	**¿Tiene postales de la ciudad?**
Vendedora:	**Sí, aquí.**
Cliente:	**Ah, sí...deme dos postales, por favor.**
Vendedora:	**Aquí tiene. Un sello de cincuenta céntimos y dos postales.**
Cliente:	**¿Cuánto es?**
Vendedora:	**Un euro y noventa céntimos.**

6. SPEAKING ACTIVITY

Listen to the dialogue and use the prompts to
play the part of the client.

Vendedora:	**¿Qué desea?**
Usted:	Ask how much that magazine costs.
Vendedor:	**Dos euros y diez céntimos.**
Usted:	Ask for a magazine and a newspaper.

Vendedor:	**¿Qué desea?**
Usted:	Ask for a Spanish dictionary.
Vendedor:	**¿Quiere éste?**
Usted:	Say yes and ask how much it is.

GRAMMAR

English constructions like "vanilla ice cream" and "fifty cent stamp"
have the adjectival clause before the noun. In Spanish, this goes
after the noun, and it is linked by the preposition *de*:

helado de vainilla	literally, an ice cream of vanilla
sello de cincuenta céntimos	literally, a stamp of fifty cents

7. WRITING ACTIVITY

Complete the following dialogue using the construction with noun + *de* + adjective (e.g., *postal de un euro*, €1 post card), where required.

Dependienta: **¿En qué puedo servirle?**

Cliente: **Deme una** ⬚ **, por favor.**

Dependienta: **¿Quiere algo más?**

Cliente: **¿** ⬚ **de la ciudad?**

Dependienta: **Sí, aquí.**

Cliente: **Ah, sí.** ⬚ **dos, por favor.**

Dependienta: **Aquí tiene, una** ⬚ **y dos** ⬚ **.**

Cliente: **¿Cuánto** ⬚ **?**

Dependienta: **Un euro con noventa céntimos.**

8. SPEAKING ACTIVITY

Create simple dialogues for the items in the images. Try to use the range of vocabulary that you have learned, incorporating phrases like: *¿Qué le pongo?*, *¿Cuánto es?*, *¿Qué quieres?*, *Póngame...*, *Deme...*, etc.

PRONUNCIATION

In Spanish, the combination of the letters *qu* is pronounced like *k*: *que, quiero, quince*; so the *u* sound is omitted. This is different from English, which pronounces this combination as if it were the letters *kw*, consider: *queen, quiet, quest*. In Spanish, this sound combination is spelled *cu*, like in the words: *cuánto, cuál, cuesta*.

9. LISTENING ACTIVITY

Listen to the following conversation, which takes place between a customer and a waiter at a café in the Dominican Republic. Pay special attention to the way *qu* and *cu* are pronounced. Then read the conversation aloud on your own, doing your best to pronounce the words like the speakers.

Camarero:	**¿Qué quiere comer?**
Clienta:	**Quiero un bocadillo de queso y un café solo.**
Camarero:	**Aquí tiene.**
Clienta:	**¿Cuánto cuesta?**
Camarero:	**El bocadillo ciento quince y el café cincuenta y cuatro.**

LEARNING TIP

Record yourself in Spanish and check the recording. Use stickers to write the words you are learning and stick them in or near the items they identify. Put a big poster on the refrigerator with pictures and words of food and drink, or just the words. And when you open the refrigerator, look at one word and try to find the item inside. Write your shopping lists in Spanish. It will be fun when you go shopping to see how much you remember!

la fresa
strawberry

el limón
lemon

la naranja
orange

la vainilla
vanilla

Check It!

Test what you've learned in this lesson and review anything you're not sure of.

CAN YOU . . . ?

☐ **understand an offer of assistance in a shop**
¿En qué puedo servirle?
¿Qué le pongo?

☐ **ask for something you want to buy in a shop**
Quiero...
Póngame...
Deme...

☐ **correctly pronouce words that begin with *cu* and *qu***
cuánto, cuál, cuesta
que, quiero, quince

☐ **correctly produce adjective clause + noun constructions using *de***
un helado de fresa
un mapa de la región

Learn More

If someone you know is going to a Spanish-speaking country, ask him/her to bring you some checks from restaurants and cafés. Some restaurants and cafés may let patrons take a menu. See how many names of foods and drinks you can identify, and practice ordering them.

BERLITZ HOTSPOT   Go to www.berlitzhotspot.com for...

 Social Networking
Share your thoughts about what you're learning. If you've traveled to Spanish-speaking countries, share which specialty stores you had to go to purchase items you wanted with your friends.

 Podcast 6
Where should you sh in Spain and Latin America? Download the podcast.

 Internet Activity
Search for some large Spanish stores on the internet and access their current catalogues.
Flip through and see how many items you can identify.

Video 4 – The Money Plate
Did you ever notice the small money plate near the register in small shops in Spain and Latin America? Leave your payment on the plate. The shopkeeper will take it, and return any change on the plate, too. In Spain, money plates are also used in bars and cafes. Watch the video to see the money plate.

Lesson 7

This Is My Family.

Ésta es mi familia.

LESSON OBJECTIVES

Lesson 7 is about family life. When you have completed this lesson, you'll know how to:

- describe family relationships
- introduce family members
- state someone's age

DIALOGUE

Listen to this conversation between Sra. García and Sr. Fernández, a man she works with. She will tell him about her family and describe a photo of them.

Sr. Fernández: **¿Es ésta su familia, señora García?**
Is this your family, señora García?

Sra. García: **Sí, éste es mi marido, se llama Luis.**
Yes, this is my husband, his name is Luis.

Sr. Fernández: **¿Y estos son sus hijos?**
And are these your children?

Sra. García: **Sí. Ésta es mi hija mayor. Se llama Teresa.**
Yes, this is my eldest daughter, her name is Teresa.

Sr. Fernández: **¿Cuántos años tiene?**
How old is she?

Sra. García: **Tiene trece años. Éste es mi hijo, Jorge, el mediano, que tiene diez años. Y la pequeña se llama María y tiene ocho años. Y usted, señor Fernández, ¿tiene hijos?**
She is 13. This is my son, Jorge, he's the middle child, he's 10. And the youngest is María and she's eight years old. And you, Mr. Fernández, do you have children?

Sr. Fernández: **No, señora, soy soltero.**
No, I'm single.

1. DIALOGUE ACTIVITY

A. **Can you identify Luis, Teresa, Jorge and María in the photo?**

B. **Can you say how old señora García's children are?**

Use the following words and expressions to guide you through the lesson.

VOCABULARY

el abuelo/la abuela	grandfather/ grandmother
el año	year
casado/a	married
con	with
¿Cuántos/ Cuántas?	How many?
divorciado/a	divorced
el esposo/ la esposa	spouse (husband/wife)
la familia	family
el hermano/ la hermana	brother/sister
el hijo/la hija	child (son/daughter)
la madre	mother
el marido	husband
mayor	older

mediano/a	in the middle
muchos/muchas	many, a lot
el nieto/la nieta	grandchild (grandson, granddaughter)
el novio/la novia	boyfriend or groom, girlfriend or bride
el padre	father
los padres	parents
pequeño/a	small
el primo/la prima	cousin
el sobrino/ la sobrina	nephew, niece
soltero/a	single (unmarried)
el tío/la tía	uncle, aunt
el viudo/la viuda	widower/widow

DID YOU KNOW?

In Spain, a family with three or more children is considered a *familia numerosa*, literally a "numerous family", and can receive special discounts , for example: at the grocery store, on the electrical bill, on travel costs, at the gym—you name it!.

2. LISTENING ACTIVITY

 Listen to several people talking about their families. Before you listen to the audio, review the Vocabulary. Study the names for family members and try to identify them in the dialogues. Then listen again and match the people with the statements.

a. **Soy casada.**
b. **Tengo novia.**
c. **Tengo un hijo de diez años.**
d. **Tengo un sobrino.**
e. **Tengo dos hijas.**
f. **Tengo un abuelo y una abuela.**

g. **Estoy divorciado.**
h. **Tengo un nieto de cinco años.**
i. **Soy soltero.**
j. **No tengo hermanos.**
k. **Tengo dos hermanas.**
l. **Tengo muchos tíos y primos.**

Luis

¡Hola! Me llamo Luis, soy soltero pero tengo novia. Vivo con mis padres y tengo dos hermanas. Mi hermana mayor es casada y tengo un sobrino de un año. Se llama Jaime.

Rafael

Me llamo Rafael, tengo diez años. No tengo hermanos pero tengo muchos tíos y primos y también tengo un abuelo y una abuela.

Sara

¡Hola! Soy Sara. Estoy casada y tengo dos hijas.

Juanjo

Hola, ¿qué tal? Me llamo Juanjo. Estoy divorciado y tengo un hijo de diez años. Se llama Pepe.

Teresa

Me llamo Teresa Sánchez, soy viuda. Tengo un hijo de cuarenta años, Emilio. Es casado. La esposa de mi hijo se llama Susana. Su hijo, mi nieto, tiene cinco años, se llama Oscar.

3. SPEAKING ACTIVITY 66 99

Listen to the dialogue again and repeat the part of Sr. Fernández. Then talk about your immediate family. Compare your answers with those from the dialogue.

4. WRITING ACTIVITY

Look at Sam's family tree. Complete his description. The first one is done for you.

SAM'S FAMILY TREE

Tomás   Mariana

Sam   Raquel   Pablo

Somos cinco personas en mi [familia] .

Tomás es mi [   ] .

Mi [   ] **se llama Mariana.**

Raquel es mi [   ] .

Pablo es el [   ] **de Raquel.**

5. ACTIVITY

Look again at Sam's family tree and choose the word that makes sense.

1. **Sam y Raquel son hermanos / padres.**

2. **Sam es el hermano / padre de Raquel.**

3. **Mariana es la madre / el padre de Sam.**

4. **Tomás es el hijo / padre de Sam y Raquel.**

5. **Mariana y Tomás son los hermanos / padres de Sam y Raquel.**

6. **Sam es el esposo / hijo de Mariana y Tomás.**

7. **Raquel es la hija / el hijo de Mariana y Tomás.**

8. **Sam y Raquel son los esposos / hijos de Mariana y Tomás.**

9. **Raquel es el esposo / la esposa de Pablo.**

10. **Pablo es el esposo / hermano de Raquel.**

6. WRITING ACTIVITY

Now draw your family tree, listing as much extended family as you like.
Label your relationship to each relative in Spanish.

GRAMMAR

Use the verb *tener* (to have) instead of *ser* (to be) to say how old you are: *Tengo veinte años* (I'm 20 years old).

In Spanish, the demonstrative plural "these" is: *estos* for the masculine and *estas* for the feminine.

The possessive plural adjectives are *mis* (my), *tus* (your), and *sus* (his/hers/their). The plural depends on the number of objects possessed, not on the person who possesses them: *mi hermana* (my sister) vs. *mis hermanas* (my sisters).

To express possession or relationship you can also use *de* (of): *el padre de mi madre* (my mother's father, or the father of my mother).

Most plurals for family titles are formed just by adding -*s* or -*es* to the masculine form: *los tíos* means "aunt(s) and uncle(s)", *los padres* means "parents" as well as "fathers."

The verb "to be" has two forms in Spanish: *ser* and *estar*. A word such as *casado/a*, can be used with either verb: *soy casada, estoy casada*.

7. SPEAKING ACTIVITY

Go back to your family tree and talk about your (extended) family. Can you give at least one detail about your family members: their names, ages, where they are from and where they live?

8. WRITING ACTIVITY

You are provided with a series of pronouns and nouns. Write the possessive adjective for each and then write the translation following the example.

	Possessive Adjective	Nouns	Translation
YO	mis	abuelos	my grandparents/my grandfathers
		familia	
		madre	
		nietos	

TÚ		novia	
		esposo	
		sobrinas	
		primas	

ÉL		hermana	
		hijos	
		padres	
		mujer	

ELLA		primos	
		padre	
		abuela	
		sobrinos	

USTED		marido	
		tías	
		tío	
		hijo	

9. READING ACTIVITY

Lucía gives you details about her family in the following letter. Draw her family tree and include the information that she provides for each family member.

Hola, soy Lucía. Vivo en Barcelona con mis padres, Alejandro y Ana. Tengo 19 años y tengo un hermano que se llama Nico, que es más pequeño que yo. Nico tiene 14 años. Mis abuelos paternos no viven en Barcelona. Viven en Granada y se llaman Miguel y Ángela. Mi padre solo tiene un hermano. El hermano de mi padre se llama Juan y vive en Marbella. Está casado con Julia, que viene de Rusia. Tienen un hijo que se llama Max. Max es el más pequeño de todos: tiene 5 años. La familia de mi madre vive en los Estados Unidos. Sus padres, o sea mis abuelos maternos, viven en Nueva York y se llaman Marco y Rosana. Mi madre tiene una hermana, Marisa, que vive con su familia en Chicago. Vive con su marido, Jason, y sus hijos, mis primos, Ava y Jack. Ava tiene 11 años y Jack tiene 9. El hermano mayor de mi madre se llama Gregorio, pero le llamamos Goyo. Vive en Los Ángeles con su mujer, Allison, pero de momento no tienen hijos. Y el hermano pequeño de mi madre, Mateo, también vive en Los Ángeles, pero está soltero.

Check It!

Test what you've learned in this lesson and review anything you're not sure of.

CAN YOU . . . ?

☐ **ask for information about someone's family**
¿Es ésta su familia, Sra. García?
¿Tiene hijos?

☐ **give information about yourself and your family**
Tengo dos hermanos y una hermana.
No tengo hermanos.
Tengo dos hijas.
Tengo un hijo de once años.
La esposa de mi hijo se llama Susana.

☐ **introduce the members of your family and friends**
Éste es mi marido. Se llama Luis.
Estos son mis hijos.
Ésta es mi hija mayor.
Éstas son mis amigas Rosa y Pilar.

☐ **explain family relationships using de to show possession**
el hermano de mi padre
la familia de mi madre
el marido de Raquel

☐ **ask and give information about your marital status**
¿Está casado o soltero?
Soy soltero.
Tengo novia.
Estoy casada.
Estoy divorciada.
Soy viudo.

☐ **ask and say how old someone is**
¿Cuántos años tiene?
Tiene trece años.

☐ **use possessive adjectives**
mis padres
tus hermanos
sus primos

 BERLITZ HOTSPOT   Go to www.berlitzhotspot.com for...

 Social Networking
Tell your friends about you and your family. How old are you? Do you have brothers or sisters? How old are they and where do you and your siblings live?

 Podcast 7
How I love my family!
Download the podcas

Internet Activity
Search for some family photos on the internet. Make up stories about the people in the pictures, using vocabulary that you have learned in this section. Try to incorporate vocabulary from previous sections as well about where people are from or where they live, for example.

Lesson 8 — What Do You Do?

¿En qué trabaja?

LESSON OBJECTIVES

Lesson 8 is about work. When you have completed this lesson, you'll know how to:

- ask about people's jobs and tell them yours
- name the languages you and others speak

DIALOGUE

 Listen as Isabel is being interviewed for a job by señor León.

Sr. León:	**Buenos días, señorita. ¿Cómo se llama usted?** Good morning, miss. What's your name?
Isabel:	**Me llamo Isabel Córdoba.** My name is Isabel Córdoba.
Sr. León:	**¿De dónde es?** Where are you from?
Isabel:	**Soy mexicana, de Acapulco.** I'm Mexican, from Acapulco.
Sr. León:	**¿Dónde trabaja?** Where do you work?
Isabel:	**Trabajo en Inopesa, una compañía de importación y exportación en Ciudad de México.** I work for Inopesa, an import and export company in Mexico City.
Sr. León:	**¿Habla idiomas?** Do you speak any languages?
Isabel:	**Sí, hablo inglés y francés, y un poco de alemán. También comprendo el japonés, pero no lo hablo.** Yes I speak English and French, and a little German. I also understand Japanese but I don't speak it.

1. DIALOGUE ACTIVITY

A. Where is Isabel from?

B. What kind of company does she work for?

Use the following words and expressions to guide you through the lesson.

VOCABULARY

actual	current, present	**inglés/inglesa**	English
actualmente	at the moment	**el instituto de enseñanza secundaria**	high school
alemán/alemana	German		
el año	year	**japonés/japonesa**	Japanese
bueno/a	good, OK	**jefe/jefa**	boss
la clínica	clinic, hospital	**el lugar**	place
la compañía (de importación y exportación)	(import and export) company	**el lugar de trabajo**	work place
		el mecánico/ la mecánica	mechanic
comprender	to understand	**el médico/ la médica, el doctor/ la doctora**	doctor
desde	from		
el desempleo (paro)	unemployment		
la edad	age	**muy bien**	very good/well
el enfermero/ la enfermera	nurse	**un poco**	a little
		la profesión	profession
escuela secundaria	middle/secondary school	**el profesor/ la profesora**	teacher, professor
la especialización	specialization	**el secretario/ la secretaria**	secretary
el extranjero/ la extranjera	foreigner		
		el sueldo	salary
francés/francesa	French	**el taller**	workshop, garage
hablar	to speak	**la tienda de deportes**	sports shop
hacer	to make/to do		
hasta	until	**trabajar**	to work
el hospital	hospital	**el trabajo**	job
el idioma	language		

CURRÍCULO

Nombre: Adela González Marquez
Dirección: C/ Durazno 15
28044 Madrid
ESPAÑA
Teléfono: +49 / 34 / 915 116 000
Correo electrónico: agm@amigos.es
Nacionalidad: Spanish
Fecha de nacimiento: 22 de enero, 1982
Estado civil: Casada
Estudios:
2003: Universidad Complutense de Madrid

DID YOU KNOW?

In Spain a résumé is called a *currículo*, and includes a picture as well as personal information such as your date of birth, and whether or not you are married or single.

2. LISTENING ACTIVITY

Listen again to Isabel's interview. Fill in the missing information on her résumé.

CURRÍCULO

Nombre
_____

....

Nacionalidad _____

....

Trabajo actual
_____

Lugar de trabajo
_____

Idiomas
_____
_____
_____

3. LISTENING ACTIVITY

Listen to various people saying what jobs they do and where they work. Match each person with the corresponding illustration.

Entrevistador: **¿Cuál es su profesión, Francisco?**

Francisco: **Soy mecánico.**

Entrevistador: **¿Dónde trabaja usted?**

Francisco: **Trabajo en un taller.**

Entrevistador: **¿Qué hace usted, Rosa?**

Rosa: **Soy enfermera.**

Entrevistador: **¿Dónde trabaja?**

Rosa: **Trabajo en un hospital.**

Entrevistador: **¿Cuál es su trabajo, Gloria?**

Gloria: **Soy médica.**

Entrevistador: **¿Dónde trabaja usted?**

Gloria: **Trabajo en una clínica.**

Entrevistador: **¿Y usted qué hace, Julio?**

Julio: **Soy arquitecto, pero actualmente no trabajo. Estoy desempleado.**

Entrevistador: **¿En qué trabaja usted, Joaquín?**

Joaquín: **Soy dependiente.**

Entrevistador: **¿Dónde trabaja?**

Joaquín: **Trabajo en una tienda de deportes.**

Entrevistador: **¿Cuál es su profesión, Alicia?**

Alicia: **Soy profesora.**

Entrevistador: **¿Cuál es su lugar de trabajo?**

Alicia: **Trabajo en un instituto.**

4. WRITING ACTIVITY

Look at the signs of these places and write above each one the name of the person who works there. Then write sentences like this about each one of them.

Example:

| Francisco es mecánico. |
| Trabaja en un taller. |

GRAMMAR !

Notice in the dialogues that when you talk about your job, for example, "I am a teacher," in Spanish you do not include the equivalent of the word "a," *Soy profesor./Soy profesora.*

5. WRITING ACTIVITY

Look at the pictures. Write a short paragraph for each using the prompts given, incorporating any other vocabulary you have learned until now (age, martial state, origins...).

japonesa, actual, clínica

alemán, compañía, idiomas

francesa, el instituto de enseñanza secundaria, edad

mecánico, taller, actualmente

GRAMMAR

In Spanish there are three types of verb endings: *-ar*, *-er* and *-ir*. In the singular, the first person ending is *-o* for verbs ending in *-ar*, *-er* and *-ir*: *trabajo* (I work), *escribo* (I write), *vivo* (I live); the second and third persons are the same for the verbs ending in *-er* and *-ir*: *comes*, *vives*, *come*, *vive*; and different for the verbs ending in *-ar*: *hablas*, *habla*.

6. WRITING ACTIVITY

You are going to an interview, and you are asked the following questions. Answer them giving as many details about yourself as you can.

Sr. León: **¿Cómo se llama?**

Usted:

Sr. León: **¿De dónde es?**

Usted:

Sr. León: **¿En qué trabaja actualmente?**

Usted:

Sr. León: **¿Dónde trabaja?**

Usted:

Sr. León: **¿Habla idiomas?**

Usted:

7. WRITING ACTIVITY

Raúl is a journalist applying for a position at *El Diario de la Costa del Sol*. Make sentences using the vocabulary you know based on his application form.

Solicitud de trabajo para
El Diario de la Costa del Sol

Raúl Ortíz   826.902.2703
Nombre   Número de teléfono

Ave. Andalucía 25, Málaga 29006, España
Dirección

EDUCACIÓN

Escuela	Especialización	Desde – Hasta
Universidad de Madrid	Periodismo	2002 – 2007

HISTORIAL DE TRABAJO

Banco Popular	secretario
Empresa	Puesto
junio 2007 – septiembre 2008	Luis Ramírez
Desde – Hasta	Jefe/Jefa

Periódico Metro Málaga	asistente editorial
Empleador/Empleadora	Puesto
noviembre 2008 – presente	José Velasquez
Desde – Hasta	Jefe/Jefa

Sueldo en el último trabajo: __22,000€__

Sueldo deseado: __27,000€__

Puesto deseado: __corrector__

¿Por qué desea este puesto?
__Porque algún día quiero ser periodista. En el__
__periódico Metro Málaga aprendí mucho. Como__
__corrector aprenderé más.__

8. LISTENING ACTIVITY

Three people have applied for a job as language teachers.
Listen to the candidates and decide which one should have the job.

Entrevistador: ¿Cómo se llama?

Juan Pablo Cuarte: Me llamo Juan Pablo Cuarte.

Entrevistador: ¿Qué experiencia tiene como profesor de idiomas?

Juan Pablo Cuarte: Pues... no tengo experiencia, pero hablo perfectamente.

Entrevistador: ¿Tiene usted un título universitario?

Juan Pablo Cuarte: No, pero hablo perfectamente.

Entrevistador: ¿Es usted nativo?

Juan Pablo Cuarte: No.

Entrevistador: Bien, muchas gracias.

Entrevistador: **¿Cómo se llama?**

María Serrano: **Me llamo María Serrano.**

Entrevistador: **¿Qué experiencia tiene como profesora de idiomas?**

María Serrano: **Tengo tres años de experiencia como profesora de francés.**

Entrevistador: **¿Es usted nativa?**

María Serrano: **Bueno, soy bilingüe y hablo perfectamente.
Mi madre es francesa.**

Entrevistador: **¿Y puede enseñar inglés también?**

María Serrano: **Sí, tengo el título de profesora pero no tengo mucha experiencia.**

Entrevistador: **Muchas gracias.**

Entrevistador: **¿Cómo se llama?**

Carlota Martín: **Me llamo Carlota Martín.**

Entrevistador: **¿Tiene usted algún título?**

Carlota Martín: **Sí, tengo el título de profesora de inglés.**

Entrevistador: **¿Es usted nativa?**

Carlota Martín: **No.**

Entrevistador: **¿Habla usted francés?**

Carlota Martín: **Sí, un poco.**

Entrevistador: **¿Tiene experiencia?**

Carlota Martín: **No. Bueno...poca.**

Entrevistador: **Muchas gracias.**

9. READING ACTIVITY

Read the following text by Carina about her life and work.
Then write a similar text about Antonio, changing vocabulary from
the feminine form to the masculine form, when necessary.

Soy Carina y tengo 28 años. Soy inglesa, pero ahora vivo
en Bilbao. Soy enfermera y trabajo en un hospital grande
en el centro de la ciudad. Trabajo muchas horas de lunes
a jueves, desde las ocho de la mañana hasta las ocho de
la tarde. Pero luego estoy libre de viernes a domingo.
Mi jefa es francesa y también trabajo con un alemán y
una japonesa. A veces tenemos pacientes de otros países
también. Entre todos, hablamos muchos idiomas: además
del castellano, por supuesto, hablamos inglés, francés,
alemán, y japonés.

Check It!

Test what you've learned in this lesson and review anything you're not sure of.

CAN YOU . . . ?

ask someone what his/her profession is
¿Cuál es su profesión?
¿Cuál es su trabajo?
¿Qué hace usted?

name several professions
enfermero/a
profesor/a
médico/a
mecánico/a

ask someone which languages he/she speaks
¿Habla usted idiomas?
¿Qué idiomas habla usted?

name several languages
castellano
inglés
francés
alemán

conjugate the verbs you've learned thus far for *yo, tú, él/ ella, usted*
hablar
vivir
comer

 BERLITZ HOTSPOT   Go to www.berlitzhotspot.com for...

Social Networking
Tell your Hotspot friends what your profession is and which city you work in.

 Podcast 8
You are what you stu
Download this podcas

Internet Activity
Search for *ofertas de trabajo* or *ofertas de empleo* on the internet; go to **Berlitz Hotspot** for suggestions. Browse the different jobs. How many new words can you recognize? Try creating some sentences based with your new vocabulary.

¡A trabajar!

LESSON OBJECTIVES

Lesson 9 is about interacting with people in a professional setting. When you have completed this lesson, you'll know how to:

- talk about where you or someone else works or studies
- talk about languages you or someone else speaks
- speak politely on the telephone

DIALOGUE

 A group of students wants to visit *La Jornada*, a Mexico City newspaper.
Listen to this phone call.

Secretaria:	**La Jornada. ¿En qué puedo ayudarle?** La Jornada. How can I help you?
Estudiante:	**Hola, buenas tardes. Quisiera hablar con el señor Contreras, el director de Relaciones Públicas.** Good evening. I'd like to speak to Mr. Contreras, Director of Public Relation
Secretaria:	**Sí. ¿De parte de quién?** Yes, who's speaking?
Estudiante:	**Somos estudiantes de los Estados Unidos. Queremos visitar su periódico.** We are students from the United States. We'd like to visit your newspaper.
Secretaria:	**¡Ah, un momento por favor!** Just a moment please.
Sr. Contreras:	**Bueno, soy el señor Contreras.** Hello, this is Mr. Contreras.
Estudiante:	**¡Buenos días! Somos estudiantes de una universidad norteamericana. Queremos visitar su periódico.** Good morning. We are students from a North American university. We'd like to visit your newspaper.
Sr. Contreras:	**¡Sí, claro!** Sure!
Estudiante:	**¿Es posible mañana?** Is tomorrow possible?
Sr. Contreras:	**¡Sí, sí! ¿A las once de la mañana?** Yes. At 11 o'clock in the morning?
Estudiante:	**¡Sí, gracias! ¡Hasta mañana!** Yes, thanks! See you tomorrow.

1. DIALOGUE ACTIVITY

A. What do the students want to do?

B. When will they meet Sr. Contreras?

Use the following words and expressions to guide you through the lesson.

VOCABULARY

el amigo/la amiga	friend	**mañana**	tomorrow
aquí	here	**la mañana**	morning
el archivo	filing cabinet	**la mesa**	table
la computadora (Lat. Am.)	computer	**norteamericano/a**	(North) American
		nuestros/as	our
el director/ la directora (de relaciones públicas)	Director (of Public Relations)	**la oficina**	office
		el ordenador (Spain)	computer
el escritorio	desk		
el estante	shelf	**perfectamente**	perfectly
el/la estudiante	student	**el periódico**	newspaper
estudiar	to study	**¿Quién?**	Who?
¡Estupendo!	Great!	**la silla**	chair
el fin de semana	weekend	**el supermercado**	supermarket
el grupo	group	**el teléfono**	telephone
Hasta luego.	See you later.	**la universidad**	university
Hasta mañana.	See you tomorrow.	**visitar**	to visit

DID YOU KNOW?

In Spanish there are different ways to answer the phone. In Spain it's usually: *Dígame,* or more informally, *¿Sí?* In Mexico, it's *Bueno.*

A computer in most Latin American countries is called *la computadora,* but in Spain it's called *el ordenador.* The mouse is called *el mouse* in Mexico, but in Spain it's called *el ratón,* which is the literal translation of "mouse".

2. LISTENING ACTIVITY

 Listen to the Dialogue 1 again and practice the part of the student. Then make up similar dialogues, but replace the visiting students with the following:

    a. **a group of teachers who visit a university**

    b. **a group of doctors who visit a hospital**

    c. **a group of students who visit a supermarket**

3. READING ACTIVITY

The next day, the group of students meets Sr. Contreras, the public relations officer from *La Jornada*. Read their conversation and answer the questions.

Estudiante 1: **¡Hola, buenos días! Somos los estudiantes estadounidenses. ¿Es usted el señor Contreras?**

Sr. Contreras: **¡Ah, sí! ¡Pasen, pasen! ¿Hablan ustedes español?**

Estudiante 1: **Sí, sí claro, hablamos español perfectamente. Vivimos en los Estados Unidos pero nuestras familias son mexicanas.**

Sr. Contreras: **¿Dónde estudian ustedes?**

Estudiante 2: **Estudiamos en una universidad de Los Ángeles.**

Sr. Contreras: **¡Muy bien, pasen! Ésta es mi oficina.**

What does Sr. Contreras first want to know about the students? What's his question?

How does the Student 1 respond?

When Sr. Contreras asks where the students study, how does Student 2 respond?

Each time a student responds, is he/she speaking for himself/herself or for the group? What would be the difference in the forms in each case?

4. LISTENING ACTIVITY

One of the students is staying to get some experience working at *La Jornada*.
During his first day he is shown around by another student. Look at the drawing
of the office and list the objects in the order they are mentioned.

Claudia:	**¡Hola! ¿Cómo te llamas?**
Álvaro:	**Me llamo Álvaro, Álvaro Sánchez.**
Claudia:	**¡Mucho gusto Álvaro! Yo soy Claudia. Mira, ésta es nuestra oficina, éste es tu escritorio y ésta es tu silla. Ésta es tu computadora. Ah, y éste es tu teléfono. Trabajamos siete horas.**
Álvaro:	**¡Muchas gracias Claudia!**
Claudia:	**¡De nada!** **¡Hasta luego Álvaro!**
Álvaro:	**¡Hasta luego!**

PRONUNCIATION

 In Spanish *h* is not pronounced at all. Listen to the following words:

hola   *hijo*   *hermano*

The *v* is often pronounced as a *b* in Spanish. Therefore it is often impossible to know which one to write unless we know the word. Listen: *Baquero* and *Vaquero* sound exactly the same. In some parts of Latin America, however, especially in Argentina, the *v* sound is pronounced similar to English: *vaquero, viudo*.

Listen to the two dialogues and notice how the *h* is not pronounced and the *v* is pronounced.

Sra. Herrera: **¿Tiene hijos, señor Vera?**
Do you have children Sr Vera?

Sr. Vera: **Sí, tengo un hijo y una hija. ¿Y usted, señora Herrera?**
Yes, I have a son and a daughter. And you, Sra. Herrera?

Sra. Herrera: **No tengo hijos, soy viuda y vivo con mi hermano que está divorciado.**
I don't have children, I'm a widow. I live with my brother who is divorced.

Victoria: **¡Hola Hector! Este es mi novio, Víctor.**
Hi Hector. This is my boyfriend, Víctor.

Hector: **¡Hola, Víctor! ¿Vives en Valencia?**
Hi Víctor, do you live in Valencia?

Víctor: **No, vivo en Nueva York.**
No, I live in New York.

Hector: **¿Hablas inglés?**
Do you speak English?

Víctor: **Sí, claro, hablo inglés.**
Yes, of course I speak English.

Hector: **¿Trabajas en Nueva York?**
Do you work in New York?

Víctor: **Sí.** Yes.

Hector: **¿Qué haces?** What do you do?

Víctor: **Soy médico en un hospital.**
I'm a doctor in a hospital.

5. SPEAKING ACTIVITY

Look again at the picture of Álvaro's new office. Imagine you are showing everything to a new colleague who has just started working there. Introduce yourself, explain where everything is located, and ask your new colleague some personal questions.

6. SPEAKING ACTIVITY

Listen to the following sentences and repeat them paying careful attention to your pronunciation.

No tengo novio.
Estoy divorciado.
Bebo vino en un bar.
Vivimos en Barcelona.
Bárbara es viuda.
Tengo veinte años.

7. SPEAKING ACTIVITY

Read the following text aloud, paying careful attention to your pronunciation.

ENVIAR   ELIMINAR

De:

Para:

Asunto:

Hola, soy Violeta. Soy de Bilbao, pero mis padres, abuelos y toda mi familia son de Valencia.
Tengo veintidós años y estudio medicina en la universidad. No tengo novio, por eso paso mucho tiempo con mis hermanos. Tengo una hermana y dos hermanos: se llaman Valeria, Borja y Hernán. Viven aquí en Bilbao también.

The plural forms of the three conjugations are different for the first person: (*nosotros,* we): *trabajamos, comemos, vivimos.* The second person formal (*ustedes,* you) and the third person (*ellos/as,* they) coincide in form and are as follows: *trabajan, comen, viven.* In Spain there is also a second person informal (*vosotros/as*) *trabajáis, coméis, vivís,* but this is not used in Latin America.

8. WRITING ACTIVITY

Fill in the blank with the correct form of the verb provided according to the pronoun listed.

1. **Todos los días** _____ **a la una.** .... comer, nosotros

2. **Mi padres** _____ **en la calle Diagonal de Barcelona.** .... vivir

3. **Rafa y Juana** _____ **inglés bien.** .... hablar

4. **¿Cuántas hora** _____ **hoy?** .... trabajar, vosotros

5. **Nosotros** _____ **siete horas.** .... trabajar

6. **Son las cuatro. ¡** _____ **muy tarde!** .... comer, vosotros

The plural possessive adjectives and pronouns are: *nuestro/a* (our, ours), *vuestro/a* (your, yours), *su* (your, yours, their, theirs)—if they refer to only one thing possessed. For more than one thing use: *nuestros/as* (our, ours), *vuestros/as* (your, yours), *sus* (your, yours, their, theirs).

9. WRITING ACTIVITY

You are provided a series of pronouns and nouns. Provide the possessive adjective for each and then write the translation following the example.

NOSOTROS/AS	nuestro	director	our director
		mesa	
		sillas	
		mañanas	

VOSOTROS/AS		universidad	
		teléfonos	
		oficina	
		periódicos	

ELLOS/AS		fines de semana	
		grupos	
		sillas	
		mañanas	

USTEDES		computadoras	
		días	
		amigo	
		archivo	

LEARNING TIP

When studying vocabulary, organize the words you are learning into meaningful groups. Make lists such as family, jobs, or furniture. You might want to use a color code or a different color paper or ink for each category.

Check It!

Test what you've learned in this lesson and review anything you're not sure of.

CAN YOU . . . ?

☐ **ask where someone works or studies**
¿Dónde trabaja?
¿Dónde estudian ustedes?

☐ **say where you and others work or study**
Trabajo en una compañía de importación y exportación en Ciudad de México.
Trabajo en una escuela secundaria.

☐ **answer the telephone**
¿Dígame?
¿Bueno?

☐ **ask and say what languages you and others speak**
¿Habla otros idiomas?
¿Hablan ustedes español?
Sí, hablo inglés y un poco de francés.
Comprendo el japonés.

☐ **say that you would like to speak to someone**
Quisiera hablar con el Sr. Contreras.

☐ **ask who is calling**
¿De parte de quién?

Learn More

Turn to the employment advertisements in a Spanish-language newspaper to see how many of the jobs you recognize. Use clues from the name of the compa Guess what the job title might mea and then check your dictionary.

BERLITZ HOTSPOT   Go to www.berlitzhotspot.com for...

 Social Networking
Have you ever talked on the phone in a foreign language? Have you had any funny, odd or even embarrassing experiences doing so? Go to **Berlitz Hotspot** and tell your Hotspot friends about it.

 Podcast 9
Talking on the phone in Spanish. Downloa this podcast.

 Internet Activity
Look online for images of *oficinas*. Pick three and pretend you are introducing three new colleagues to their new offices.

Test 1 — Review of Lessons 1-9

1. Match the words from the first column with those in the second column.

1.	¿De dónde	a.	vive usted?
2.	Éste es	b.	gusto.
3.	Buenos	c.	es usted?
4.	¿Qué hora	d.	su número de teléfono?
5.	¿Dónde	e.	mi marido.
6.	¿Cuál es	f.	días.
7.	Mucho	g.	es?

2. Which is the odd word in the following groups?

1. café	2. hermano	3. ocho
agua mineral	hijo	siete
bocadillo	padre	tres
zumo de naranja	amigo	cuarenta y cinco
vino blanco	tío	nueve

4. español	5. enfermera	6. silla
francés	mecánico	computadora
Inglaterra	arquitecta	oficina
escocés	tienda	mesa
estadounidense	profesor	escritorio

3. Fill in the blanks using *soy, es, tengo* or *tiene*.

1. Yo [_____] profesor.

2. Juan [_____] un hermano.

3. Mi dirección [_____] calle Mayor, 50.

4. Mi padre [_____] sesenta y cinco años.

5. Mi hermano no [_____] hijos.

6. Esta [_____] mi madre.

7. Mi marido [_____] profesor y yo arquitecta.

8. El hermano de Juan [_____] médico y [_____] treinta años.

9. Yo [_____] Marta. Ésta [_____] Luisa, mi prima.

4. Write the feminine form of the following words.

1. hermano

[_____]

2. padre

[_____]

3. enfermero

[_____]

4. estudiante

[_____]

5. inglés

[_____]

6. estadounidense

[_____]

7. tío

[_____]

5. Put these words in the correct order.

1. **café / un / quiero / leche / con**

2. **avenida / la / número / Madrid / vivo / once / en / de**

3. **¿tu / tiene / años / cuántos / hermano?**

4. **¿teléfono / es / de / cuál / número / su?**

5. **¿fresa / quieres / helado / de / un?**

6. **un / soy / hospital / médico / trabajo / y / en**

6. Are these words masculine or feminine?
Write *el* (masculine) or *la* (feminine) for each word.

1. [ ] **cerveza**   5. [ ] **leche**

2. [ ] **helado**   6. [ ] **ciudad**

3. [ ] **pastel**   7. [ ] **color**

4. [ ] **café**   8. [ ] **chocolate**

7. Supply the questions to these answers.

1. _____

   Me llamo Luis.

2. _____

   Trabajo en un hospital.

3. _____

   Soy médico.

4. _____

   Calle Valencia número siete.

5. _____

   El 555.36.75.

6. _____

   Soy española.

7. _____

   Tengo dos hijos.

8. _____

   No, soy soltero.

8. Supply the answers to these questions.

1. **¿Está usted casado? Sí,** _____

2. **¿Tiene hijos? Sí,** _____

3. **¿Es usted español? No,** _____

4. **¿Es usted profesor? No,** _____

5. **¿Es éste su marido? Sí,** _____

6. **¿Quiere usted un café solo? No,** _____

9. Write the following times in numbers.

1. **Son las siete menos veinticinco.** ☐ **:** ☐

2. **Son las ocho y media.** ☐ **:** ☐

3. **Son las dos menos veinte.** ☐ **:** ☐

4. **Es la una y diez.** ☐ **:** ☐

5. **Son las doce y cinco.** ☐ **:** ☐

6. **Son las seis menos cuarto.** ☐ **:** ☐

10.   How would you...

1.   **...ask what time it is?**

2.   **...say where you are from?**

3.   **...say where you live?**

4.   **...order a glass of red wine?**

5.   **...ask someone if he/she speaks any languages?**

6.   **...ask the price of three postcards and stamps?**

Lesson 10
Is It Far from Here?

¿Está lejos de aquí?

LESSON OBJECTIVES

Lesson 10 is about asking and giving directions. When you have completed this lesson, you'll know how to:

- ask for and give directions
- get someone's attention
- ask someone to speak more slowly

DIALOGUE

 Sr. Pérez is a tourist who got to town yesterday. Now he's on *calle Mayor* and cannot find the hotel where he's staying, Hotel Sol. Listen to him as he asks a passerby for directions.

Sr. Pérez: **Perdone, ¿dónde está el Hotel Sol, por favor?**
Excuse me, where is the Hotel Sol, please?

Una señora: **El Hotel Sol...siga esta calle todo recto hasta el semáforo, tome la tercera calle a mano izquierda, al final de la calle, en la esquina: allí está el Hotel Sol.**
Hotel Sol...follow this street straight ahead until the traffic light; take the third street on the left. The Hotel Sol is on the corner at the end of the street.

Sr. Pérez: **¿Puede repetirlo, por favor?**
Could you repeat that, please?

Una señora: **Sí...siga esta calle todo recto hasta el semáforo, tome la tercera calle a la izquierda y al final de la calle, en la esquina: allí está el Hotel Sol.**
Yes...follow this street straight ahead til the traffic light; take the third street on the left. The Hotel Sol is on the corner at the end of the street.

Sr. Pérez: **¿Está lejos de aquí?**
Is it far from here?

Una señora: **No, está muy cerca, a diez minutos.**
No, it's very near, ten minutes.

1. DIALOGUE ACTIVITY

A. **How does Sr. Pérez ask the woman for directions?**

B. **Following the directions the woman gave, can you locate the hotel on the map?**

HOTEL-SOL

HOTEL

PLAZA
MAYOR

MUSEO

ESTACIÓN

OFICINA
DE TURISMO

RESTAURANTE
FAUSTINO

CALLE MAYOR

CATEDRAL

DID YOU KNOW?

 There are tourist offices in every Spanish town that will give you information about where to stay, where to eat and what to do, and they usually provide free maps of the city. Moreover, the Spanish tourist offices also have beautifully produced posters and booklets of their towns or regions which you can obtain for free either at the office or by mail.

Use the following words and expressions to
guide you through the lesson.

VOCABULARY

al final	at the end	**Lo siento.**	I'm sorry.
al lado de	next to	**llegar**	to arrive
allí	there	**más**	more
la biblioteca	library	**el metro**	subway
la calle	street	**(la oficina de) correos**	post office
la catedral	cathedral		
cerca	near	**la oficina de turismo**	tourist office
el chico/la chica	young man/woman		
¿Cómo se va a...?	How do you get to...?	**¡Oiga!** (form.)/ **¡Oye!** (inf.)	Listen!/Hey!
		para	to, towards
derecha	right	**la parada de autobús**	bus stop
despacio	slow		
después	after	**poder**	to be able, can
detrás (de)	after	**primero/a**	first
doblar (Lat. Am.)	to turn	**repetir**	to repeat
¿Dónde?	Where?	**el restaurante**	restaurant
enfrente (de)	in front (of)	**saber**	to know
la escuela	school	**seguir**	to follow
la esquina	corner	**segundo/a**	second
la estación	station	**Siga** (form.)/ **Sigue** (inf.)...	Follow...
estar	to be (for location)		
girar (Spain)	to turn	**el semáforo**	traffic light
hablar	to speak	**subir**	to go up
hasta	up to, until	**el supermercado**	supermarket
el hotel	hotel	**tercero/a**	third
la iglesia	church	**todo recto**	straight ahead
ir	to go	**tomar**	to take
izquierda	left	**Tome** (form.)/ **Toma** (inf.)...	Take...
lejos	far		
		el tren	train

2. DIALOGUE ACTIVITY

Listen to Sr. Pérez again. He and his family keep getting lost. Now he wants to go to the famous *Restaurante Faustino* for dinner. He also wants to go to the station and the tourist office. He asks various people on *calle Mayor* for assistance. Listen to their directions. Look at the map on page 111 and find these places.

Sr. Pérez: **Perdone señor, ¿el Restaurante Faustino, por favor?**

Señor 1: **Tome la primera a la izquierda y después, al final de la calle, doble a la izquierda. El Restaurante Faustino está a la derecha.**

Sr. Pérez: **Perdone, ¿sabe usted por dónde se va a la estación, por favor?**

Señor 2: **Siga esta calle todo recto y tome la segunda calle a mano derecha, allí a la izquierda está la estación.**

Sr. Pérez: **Por favor, señora, ¿para ir a la Oficina de Turismo?**

Señora 1: **Lo siento, no soy de aquí.**

Sr. Pérez: **Perdone usted, ¿cómo se va a la Oficina de Turismo?**

Señora 2: **Suba esta calle todo recto y tome la segunda calle a mano derecha. La Oficina de Turismo está al lado de la estación.**

Sr. Pérez: **Perdone, ¿puede hablar más despacio?**

Señora 2: **Ah, sí... sí. Suba esta calle todo recto y tome la segunda calle a mano derecha. La Oficina de Turismo está al lado de la estación.**

Sr. Pérez: **Muchas gracias.**

Señora 2: **No hay de qué.**

3. WRITING ACTIVITY

Look at these conversations of Sr. Pérez asking for directions to other sites in the town. Fill in the missing information as prompted.

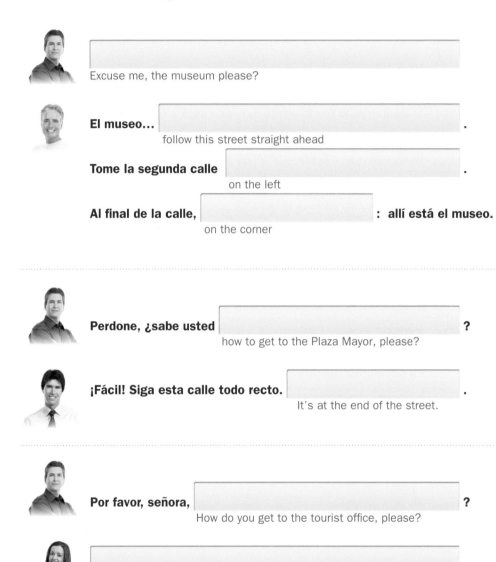

Excuse me, the museum please?

El museo...
follow this street straight ahead

Tome la segunda calle
on the left

Al final de la calle, : **allí está el museo.**
on the corner

Perdone, ¿sabe usted ?
how to get to the Plaza Mayor, please?

¡Fácil! Siga esta calle todo recto.
It's at the end of the street.

Por favor, señora, ?
How do you get to the tourist office, please?

I'm sorry, I'm not from here.

DID YOU KNOW?

Most Spanish towns have handy signs posted to direct you to the most important places in the town.

4. SPEAKING ACTIVITY

Sr. Pérez runs into you on the street and asks for help.
Give him directions using the map.

1. **¿Dónde está la catedral?**

2. **¿Por dónde se va al museo?**

3. **¿Cómo llego a la Plaza Mayor?**

4. **¿Cómo se va a la Oficina de Turismo?**

GRAMMAR

To indicate that something is to the left or right of something else, use the preposition *a* after the verb *estar*. *La biblioteca está a la izquierda de la escuela* (The library is to the left of the school).

5. READING ACTIVITY

Read the following description of Pueblo Nuevo.
Draw a map of the town based on the description.

www.pueblo-nuevo.es/info

¡Saludos de Pueblo Nuevo!

Catedral de
San Nicolás

la oficina de
correos

una parada de
autobús

el supermercado

la escuela de
niños pequeños

Pueblo Nuevo es un pueblo pequeño pero muy completo. En el centro del pueblo está la Plaza de España. Tenemos cuatro calles grandes: Lope de Vega, Granada, la calle del Pueblo y la de los Reyes Católicos y en cada calle hay una parada de autobús. Justo enfrente de la Plaza de España, en la calle Granada, tenemos nuestra catedral tan bonita, la Catedral de San Nicolás. Al otro lado de la plaza, en la calle de los Reyes Católicos, está la escuela de niños pequeños con su parada de autobús. Al lado de la escuela de niños, en la esquina con la calle del Pueblo, está la oficina de correos. También en la calle del Pueblo, están la oficina de turismo, enfrente de la plaza, y el supermercado, enfrente de la catedral. Detrás de este supermercado está la escuela de niños mayores con su parada de autobús en la calle Granada. Solo tenemos dos restaurantes, pero son muy buenos. El Restaurante de la Plaza, está enfrente de la Plaza en la calle Lope de Vega. El otro restaurante, El Restaurante de Juana la Loca, está en la calle de Granada enfrente de la escuela de niños mayores. Tenemos una estación de trenes grande en la calle de los Reyes Católicos con la calle del Pueblo. Allí hay otra parada de autobús. Hay dos hoteles también para los turistas. Uno, el Hotel de la Estación, está en la calle de los Reyes Católicos, frente a la estación y otro, el Hotel Don Juan, está en la calle Lope de Vega, frente a la catedral. El Don Juan tiene parada de autobús, y el otro, no, pero como ya sabe, está muy cerca. La biblioteca está bien situada también, en la calle Lope de Vega con la de los Reyes Católicos, frente a la escuela de niños pequeños. Justo al lado está el supermercado nuevo.

una estación de trenes

la biblioteca

110

Map of
Pueblo
Nuevo

GRAMMAR

In Spanish, there are two verbs that express the concept of the verb "to be" in English: *ser* and *estar*.

Ser is used in sentences such as:

> *Soy el señor Martín.*
>
> *Juan es profesor.*
>
> *Éste es mi hijo.*

In this unit we introduce *estar*, to express position and place. It is used in expressions such as:

> *¿Dónde está?*
>
> *Está allí.*
>
> *Estoy en Madrid.*
>
> *La escuela está cerca de la biblioteca.*

6. SPEAKING ACTIVITY

Looking at the map you created of Pueblo Nuevo, answer the following questions.

1. **¿Cómo se va a la escuela de niños mayores desde la estación de tren?**

2. **¿Dónde está la catedral en relación con el supermercado nuevo?**

3. **¿Está la biblioteca cerca de las escuelas?**

4. **¿La oficina de correos está lejos de una parada de autobús?**

7. WRITING ACTIVITY

First, label each of the following locations in Spanish. Then supply directions to the locations requested in the dialogues, using the appropriate form of the verb (*tú* vs. *usted*, *vosotros* vs. *ustedes*, etc.).

Un señor mayor: Buenos días joven, ¿me puedes decir cómo se va a la iglesia?

Una chica:

Un niño: Perdone, señora ¿cómo se va a la oficina de correos?

Una señora:

Juani: Oye, ¿cómo llego a la parada de autobús?

Mateo:

Sr. Ramos: Perdone, ¿sabe usted por dónde se va a la biblioteca, por favor?

Sra. Quintana:

Paula: Mamá, ¿para ir al supermercado, cómo vamos?

Sra. Ybarra:

library

subway station

school

church

train station

bus stop

post office

supermarket

113

Check It!

Test what you've learned in this lesson and review anything you're not sure of.

CAN YOU . . . ?

ask where something is/are
¿Dónde está/están...?

ask how to get somewhere
¿Sabe usted por dónde se va a...?
¿Para ir a...?
¿Cómo se va a...?

give directions
(Siga) todo recto.
Gire a la izquierda.
Tome la tercera calle a mano derecha.
Está al final de la calle.
Está en la esquina.

get someone's attention
Por favor.
Perdone.
¡Oiga!

apologize
Lo siento.

describe how something is situated with regard to something else
El supermercado está enfrente de la estación.
La biblioteca está a lado de la escuela.
El hotel está detrás del restaurante.

ask whether something is nearby or far away
¿Está lejos de aquí?
¿Está cerca?

ask someone to repeat something
¿Puede repetir, por favor?

ask someone to speak slowly
¿Puede hablar más despacio, por favor?

BERLITZ HOTSPOT

Go to www.berlitzhotspot.com for...

Social Networking
Tell your Hotspot friends about your town. Is it small or large? Is everything close by or far away? How do you get to your favorite spot in town from the city center?

Podcast 10
Getting around town
Download the podca

Internet Activity
Are you interested in more practice giving directions? Go to **Berlitz Hotspot** to access a tourist map of Madrid. Practice explaining how to get from one major site to another, the relationship between major sites and whether or not they are close or far from each other.

Video 5 – ¡Ojo! Watch out!
This common gesture in the Spanish-speaking world is used to tell someone to watch out, or to pay attention to something. You can also do this gesture accompanied by the word *ojo* (literally, eye). Watch the video to see how it's done.

Lesson 11   Is the Bank Open?

¿Está abierto el banco?

LESSON OBJECTIVES

Lesson 11 is about inquiring about schedules. When you have completed this lesson, you'll know how to:

- ask about schedules
- use time expressions

DIALOGUE

Sr. García is at the tourist office in a Mexican city. Listen as he asks about where some places of interest are.

Sr. García: **¡Buenos días señora! Quisiera información sobre unos lugares de interés.**
Good morning madam! I'd like some information about some places of interest.

La señora: **Sí, señor. A ver, ¡dígame!**
Yes, sir. Let's see, what would you like to know?

Sr. García: **¿Puede decirme cómo se va al Museo de Arte Moderno?**
Could you tell me how to get to the Museum of Modern Art?

La señora: **Sí, mire: aquí está la Oficina de Turismo. Siga por esta calle todo recto y al final hay una plaza, que es la Plaza de la Constitución. Es una plaza muy grande, con jardines y una fuente en el centro. Al llegar a la plaza, tome la izquierda y verá un cine. Al lado del cine hay unos edificios muy altos. Siga por allí y el Museo está a dos minutos.**
Yes: here is the tourist office. Keep going straight ahead on this street, at the end there is a square: It's Plaza de la Constitución. It's a very big square, with gardens and a fountain in the middle. When you get to the square, go left and you'll see a cinema. Next to it are some tall buildings. Keep going and the museum is two minutes from there.

Sr. García: **¿Es muy grande el museo?**
Is the museum very big?

La señora: **No, es pequeño pero muy interesante.**
No, it's small but very interesting.

Sr. García: **¿Hay un banco cerca?**
Is there a bank near there?

La señora: **Sí, al lado del museo a la derecha.**
Yes, next to the museum, on the right hand side.

Sr. García: **¿Y las Ruinas del Templo? ¿Cómo se va a las Ruinas del Templo?**
And the Temple Ruins? How do you get to the Temple Ruins?

La señora: Pues también están en la Plaza de la Constitución, en el centro.
Las Ruinas del Templo están debajo de la plaza: son subterráneas.
They are also on Plaza de la Constitución, in the center.
The Temple Ruins are underneath the Plaza, underground.

Sr. García: ¿Hay tiendas cerca de allí?
Are there shops near there?

La señora: Pues sí: en la plaza hay un gran centro comercial, se llama el Centro
Independencia. Mire, al final de esta calle cruce usted la plaza, el
Centro Independencia está al otro lado de la plaza. También tiene
usted allí, a la derecha, una farmacia muy grande y también hay una
cafetería, la cafetería Las Vegas.
Yes. In the square there is a big shopping center, it's called Centro
Independencia. At the end of this street cross the square. Centro Independencia
is on the other side. There, on the right side, you also have a very big pharmacy
and a cafeteria, Cafetería Las Vegas.

Sr. García: Muchas gracias señora. Ah... ¿y dónde está la biblioteca general?
Thank you very much. And where is the public library?

La señora: Pues está aquí en frente de la Oficina de Turismo.
¿Ve ese edificio antiguo allí al lado de ese edificio moderno?
It's opposite the tourism office. Can you see that old building over there next to
the modern one?

Sr. García: Sí, sí, lo veo: ¿el edificio alto y moderno es Correos?
Yes, I can see it. Is the tall and modern building the post office?

La señora: Sí, es correos. La biblioteca general está al lado de Correos.
Yes, it's the post office. The public library is next to the post office.

DID YOU KNOW?

If you are traveling from city to city
in Spain, a good alternative between
big cities is the train system. It's
reliable, fast and easy, and you
may even make a friend along the
way. The word for "ticket" in Spain
is *billete*. *Billetes por favor* means
"Tickets please." Other Spanish-
speaking countries may use the
word *boleto*.

Use the following words and expressions to
guide you through the lesson.

VOCABULARY

abierto/a	open	**entre**	between, among
abrir	to open	**excepto**	except
ahora	now	**la farmacia**	pharmacy
alto/a	tall	**la fuente**	the fountain
antiguo/a	old	**gran/grande**	great, big
el arte	art	**el horario**	timetable
el autobús	bus	**hoy**	today
el banco	bank	**interesante**	interesting
el centro comercial	shopping center	**el jardín**	garden
cerrado/a	closed	**la madrugada**	early morning
cerrar	to close	**moderno/a**	modern
el cine	cinema	**el parque**	park
circular	circular	**pequeño/a**	small
cruzar	to cross	**pronto**	early, soon
debajo de	underneath	**las ruinas**	ruins
desde	from	**subterráneo/a**	underground
el edificio	the building	**el templo**	temple
enfrente	opposite	**ver**	to see

LOS DÍAS DE LA SEMANA   THE DAYS OF THE WEEK

lunes	Monday	**viernes**	Friday
martes	Tuesday	**sábado**	Saturday
miércoles	Wednesday	**domingo**	Sunday
jueves	Thursday		

1. DIALOGUE ACTIVITY

A. **Which places does Sr. García want to visit?**

B. **Do you get the impression that the sites he wants
to go to are near each other or far away?**

2. LISTENING ACTIVITY

Look at the sites below. As you listen to Sr. García's conversation at the travel office again, number the places from 1–10 in the order in which you hear them mentioned.

las Ruinas del Templo

la plaza de la Constitución

el centro comercial

un cine

el Museo de Arte Moderno

correos

un banco

una farmacia

la biblioteca general

la cafetería Las Vegas

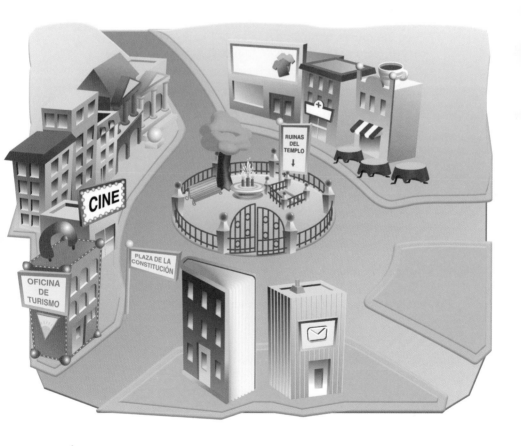

3. WRITING ACTIVITY

Sr. García needs information about some other locations in town. Provide the missing information so that it agrees with the responses of the tourist office worker.

Sr. García: **¡Buenos días señora!**

La señora: **Sí, mire: aquí está la Oficina de Turismo.**
Siga por esta calle todo recto y al final hay una plaza. Es una plaza muy grande, con jardines y una fuente en el centro. Al llegar a la plaza, tome la calle de la izquierda y verá un cine. Al lado del cine hay unos edificios muy altos. Siga por allí y Correos está a dos minutos.

Sr. García:

La señora: **Sí, al lado de Correos a la derecha está la parada de metro.**

Sr. García:

La señora: **Pues las ruinas también están en la Plaza en el centro, pero están debajo de la plaza: son subterráneas.**

Sr. García:

La señora: **Pues sí, en la plaza hay muchos bancos.**

Sr. García:

La señora: **No hay de qué.**

4. SPEAKING ACTIVITY

A tourist asks you about your town. Answer his questions.

¿Hay muchos monumentos y museos en su ciudad?

¿Hay transporte público en su ciudad?

¿Y hay parques en su ciudad?

5. LISTENING ACTIVITY

Sr. García wants to know when some of the places he wants to visit will be open. Listen for opening and closing times and write them on the corresponding signs.

Sr. García:	**¿Está abierto el museo ahora?**
La señora:	**Sí, el museo está abierto todo el día, desde las diez hasta las ocho de la noche. Abre todos los días, excepto el lunes.**
Sr. García:	**Y la biblioteca, ¿a qué hora abre?**
La señora:	**La biblioteca está abierta desde las nueve de la mañana hasta las ocho de la tarde. No, un momento... ¿Qué día es hoy?**
Sr. García:	**Hoy es domingo.**
La señora:	**No, los domingos está cerrada. Abre todos los días excepto los domingos y los lunes.**
Sr. García:	**¿Y las Ruinas del Templo? ¿Qué horario tienen las Ruinas del Templo?**
La señora:	**Las Ruinas del Templo están abiertas el martes, miércoles, viernes y el fin de semana. Pero ahora están cerradas: no abren hasta las once.**
Sr. García:	**¿A qué hora cierran?**
La señora:	**Cierran a las cinco de la tarde.**
Sr. García:	**Y el transporte: ¿qué horarios tienen los autobuses y el metro aquí?**
La señora:	**Los autobuses circulan todos los días desde las cinco de la mañana hasta la una de la madrugada, y el metro desde las seis hasta las doce. Los viernes y los sábados el metro cierra más tarde, a la una de la madrugada.**
Sr. García:	**Muchas gracias señora, adiós.**
La señora:	**De nada, adiós.**

RUINAS DEL TEMPLO

DE _____ A _____
DÍAS _____

HORARIO:
De _____ a _____
Días _____

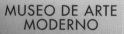

MUSEO DE ARTE MODERNO

Abierto de _____ a _____
todos los días excepto

AUTOBUSES

BIBLIOTECA

HORARIO
ABIERTO DE _____ A _____
TODOS LOS DÍAS EXCEPTO

◀ Metro ▶

Horario:
De _____ a _____ Días
excepto _____

6. READING ACTIVITY

Your friend, who is an art history expert, is going to visit some museums. The agenda she prepared has some of the times wrong. Read the information on the website and correct her agenda.

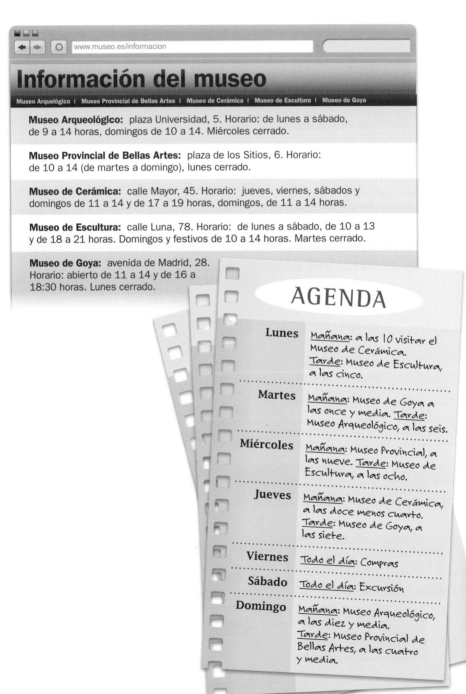

www.museo.es/informacion

Información del museo

Museo Arqueológico | Museo Provincial de Bellas Artes | Museo de Cerámica | Museo de Escultura | Museo de Goya

Museo Arqueológico: plaza Universidad, 5. Horario: de lunes a sábado, de 9 a 14 horas, domingos de 10 a 14. Miércoles cerrado.

Museo Provincial de Bellas Artes: plaza de los Sitios, 6. Horario: de 10 a 14 (de martes a domingo), lunes cerrado.

Museo de Cerámica: calle Mayor, 45. Horario: jueves, viernes, sábados y domingos de 11 a 14 y de 17 a 19 horas, domingos, de 11 a 14 horas.

Museo de Escultura: calle Luna, 78. Horario: de lunes a sábado, de 10 a 13 y de 18 a 21 horas. Domingos y festivos de 10 a 14 horas. Martes cerrado.

Museo de Goya: avenida de Madrid, 28. Horario: abierto de 11 a 14 y de 16 a 18:30 horas. Lunes cerrado.

AGENDA

Lunes Mañana: a las 10 visitar el Museo de Cerámica.
Tarde: Museo de Escultura, a las cinco.

Martes Mañana: Museo de Goya a las once y media. Tarde: Museo Arqueológico, a las seis.

Miércoles Mañana: Museo Provincial, a las nueve. Tarde: Museo de Escultura, a las ocho.

Jueves Mañana: Museo de Cerámica, a las doce menos cuarto. Tarde: Museo de Goya, a las siete.

Viernes Todo el día: Compras

Sábado Todo el día: Excursión

Domingo Mañana: Museo Arqueológico, a las diez y media. Tarde: Museo Provincial de Bellas Artes, a las cuatro y media.

7. WRITING ACTIVITY

Write an email to a foreign friend telling him/her when different places in your town or country open and close. Include information about monuments, shops, banks, theaters, subways and so on.

⊠ ENVIAR   ⊗ ELIMINAR

De:

Para: amigo@spain.com

Asunto: mi ciudad

GRAMMAR

To say the time when something takes place in Spanish, add *a* to the time: *a las cinco* (at five o'clock).

Recall that *de la mañana* means "in the morning": *a las cinco de la mañana*. *De la tarde* is "in the afternoon or evening": *a las siete de la tarde*, and *de la noche*, "late evening or night": *a las once de la noche*.

El museo abre a las diez de la mañana y cierra a las siete de la tarde.

To say that something takes place in the morning, afternoon or evening without specifying the exact time, use the preposition *por*: *por la tarde*.

El museo abre por la mañana pero no abre por la tarde.
(The museum is open in the morning but not in the afternoon.)

To say the day of the week in which something happens just put the article *el* (days are masculine) followed by the day.

El museo abre el jueves y el sábado.
(The museum is open on Thursday and Saturday.)

You can also use the plural: on Thursdays, *los jueves*; on Saturdays, *los sábados*.

8. WRITING ACTIVITY

Translate the following sentences.

1. **El banco está abierto de las ocho de la manana a las dos de la tarde.**

2. **El centro comercial cierra los domingos.**

3. **Los parques en mi ciudad abren a las nueve y cierran a las seis.**

4. **No todas las farmacias abren por la noche.**

5. **Por la noche es difícil encontrar una escuela abierta.**

6. **Los domingos está todo abierto en mi ciudad.**

LEARNING TIP

When you learn directions it will help you if you do the movements required by the word or phrase you are learning at the same time you read it or repeat it. For example: to the left, point left, or draw maps with different itineraries and test yourself.

Check It!

Test what you've learned in this lesson and review anything you're not sure of.

CAN YOU . . . ?

☐ **request information about something**
Quisiera información sobre...
¿Puede darme información sobre...?

☐ **say where things are**
Está aquí/allí.
Está en el centro.
Al lado de la biblioteca está la escuela.
Está al otro lado de la plaza.

☐ **ask if something is open or closed**
Está abierto ahora.
Está cerrado.

☐ **ask about schedules**
¿A qué hora abre/cierra?
¿Qué horario tiene?

☐ **explain the schedule**
Está abierto desde las ocho hasta las seis.
Está abierto de ocho a seis.

☐ **use time expressions**
El banco está cerrado por la tarde.
El museo está cerrado los jueves.

 BERLITZ HOTSPOT   Go to www.berlitzhotspot.com for...

 Social Networking
Share your local culture with your Hotspot friends. What's the most important site to visit in your town? Be sure to tell your friends the opening/closing times and days, so they can visit some day!

 Podcast 11
I'm here to buy.
Who wants to sell?
Download the podcast

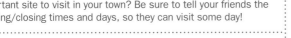 **Internet Activity**
Are you interested in learning more about large Spanish cities? Use your favorite search engine to access a Spanish city you'd like to visit. Select a handful of tourist attractions which seem interesting to you and find out which days and times they are open/closed. Practice giving that information aloud.

Lesson 12 — At the Museum

En el museo

LESSON OBJECTIVES

Lesson 12 is about finding your way around buildings. When you have completed this lesson, you'll know how to:

- navigate your way within a building
- use ordinal numbers

DIALOGUE

 You are a tourist in a group visiting the *Museo de Arte Español* (Museum of Spanish Art). You have a guide. Can you understand her directions?

> Señoras y señores, vamos a visitar el Museo de Arte Español. Por aquí por favor. En el primer piso están las salas de los siglos diecisiete y dieciocho.

Ladies and gentlemen, we are going to visit the Museo de Arte Español. This way, please. On the first floor are the exhibition halls of the 17th and 18th centuries.

> Tomen el primer pasillo a la derecha. La primera puerta a la derecha es la sala de Velázquez, enfrente está la sala de Zurbarán.

Take the first corridor on the right.
The first door on the right is Velázquez Hall, in front of it is Zurbarán Hall.

> Todo recto, al final del pasillo, en la quinta puerta a la derecha, está la sala de Murillo.

Straight ahead, at the end of the corridor, the fifth door on the right is Murillo Hall.

> Doblen a la izquierda y continuen por el pasillo. En la tercera sala, a la derecha, pueden ver los cuadros de Goya. Al lado, a la derecha, en la cuarta sala, están los cuadros de Bayeu.

Turn left and continue along the corridor. In the third hall, on the right, you can see Goya's paintings. Next to it, on the right, in the fourth hall, are Bayeu's paintings.

Use the following words and expressions to
guide you through the lesson.

VOCABULARY

al fondo	at the end	**el pasillo**	corridor
alguno/a	some	**el piso**	floor
(servicios de) caballeros	men's restrooms	**la puerta**	door
		quinto/a	fifth
la cafetería	coffee shop	**el regalo**	present
¿Cómo se llega a...?	How does one get to...?	**la sala**	(exhibition) hall
		la salida	exit
continuar	to continue	**(servicios de) señoras**	women's restrooms
el cuadro	picture/painting		
cuarto/a	fourth	**los servicios**	restrooms
la escultura	sculpture	**el siglo**	century
el/la guía	guide		
¿Me puede decir...?	Could you tell me...?		

1. DIALOGUE ACTIVITY

A. How many floors does the guide lead the group through?

B. How many halls does the guide specifically refer to?

DID YOU KNOW?

If you're a fan of modern art, you may wish to visit the Guggenheim Museum in Bilbao, Spain. Its collection includes works by famous 20th and 21st century artists from Spain and around the world.

2. LISTENING ACTIVITY

Listen again to the guide at the *Museo de Arte Español* (Museum of Spanish Art)
Fill in the blanks with the missing word.

Señoras y señores, vamos a _____ **el Museo de Arte**

Español. Por aquí por favor. En el _____ **piso están las**

_____ **de los siglos diecisiete y dieciocho. Tomen el primer**

_____ **a la derecha. La primera** _____ **a la**

derecha es la sala de Velázquez, en frente _____ **la sala de**

Zurbarán. Todo recto, al final del pasillo, en la _____ **puerta**

a la derecha, está la sala de Murillo. _____ **a la izquierda**

y continuen _____ **el pasillo. En la** _____

sala, a la derecha, pueden ver los cuadros de Goya. _____ **,**

a la derecha, en la cuarta sala, están los cuadros de Bayeu.

3. WRITING ACTIVITY

The following is a text by a guide at the *Museo de Arte Moderno*, though some words are missing. Complete the text with one of the words given so that it makes sense (some words may be used more than once).

pasillo
piso
puerta
salas
siglo

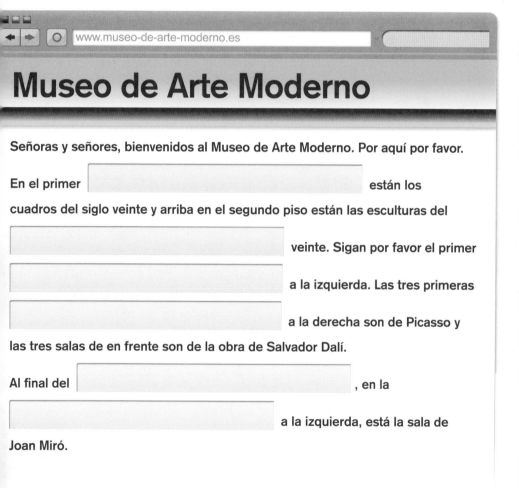

www.museo-de-arte-moderno.es

Museo de Arte Moderno

Señoras y señores, bienvenidos al Museo de Arte Moderno. Por aquí por favor.

En el primer _____ están los

cuadros del siglo veinte y arriba en el segundo piso están las esculturas del

_____ veinte. Sigan por favor el primer

_____ a la izquierda. Las tres primeras

_____ a la derecha son de Picasso y

las tres salas de en frente son de la obra de Salvador Dalí.

Al final del _____ , en la

_____ a la izquierda, está la sala de

Joan Miró.

4. LISTENING ACTIVITY

Listen to the *Museo del Arte Español* guide again and label the exhibition halls mentioned on the map.

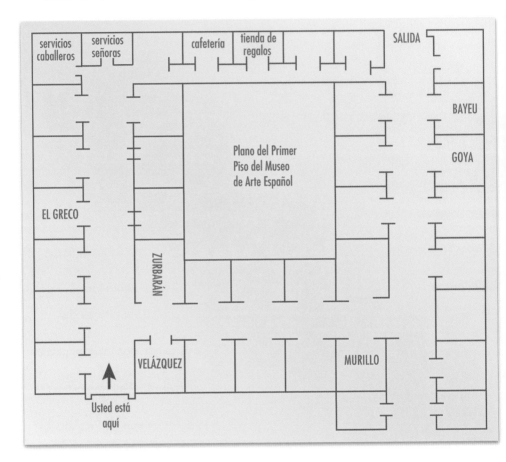

5. LISTENING ACTIVITY

 Four tourists ask the guard how to find places in the museum.
Write down each place below, then find the places on the map.

Visitante 1: **Por favor, señor ¿puede decirme dónde está la cafetería?**

Guardia: **Siga este pasillo todo recto y al fondo doble a la derecha.
La cafetería es la segunda puerta a la izquierda.**

Visitante 1: **Muchas gracias.**

Visitante 2: **Perdone, ¿dónde están los servicios?**

Guardia: **Al fondo del pasillo, a la izquierda.**

Visitante 3: **Por favor, ¿por dónde se va a la salida?**

Guardia: **Siga recto por este pasillo, después doble a la izquierda.
Allí está la salida.**

Visitante 4: **Perdone, ¿la tienda de regalos?**

Guardia: **Está al lado de la cafetería, a la derecha.**

Visitante 4: **Muchas gracias.**

1.

2.

3.

4.

6. SPEAKING ACTIVITY

Imagine you are the tourist. Formulate the following questions in Spanish.

Ask where the coffee shop is.

Ask how to get to the gift shop from the Velázquez hall.

Ask how to get to the exit from the restrooms.

Now imagine you are the guard. Using the map on page 132, give directions for the following requests.

¿Me puede decir dónde está la sala de El Greco?

Quisiera saber cómo se va a la sala de Bayeu desde la sala de Zurbarán.

¿Cómo se llega a los servicios desde la sala de Murillo?

DID YOU KNOW?

Remember the 24-hour clock is used in most Spanish-speaking countries.

7. WRITING ACTIVITY

You are preparing a guided tour of the center of your town for a group of Spanish visitors. Draw a map of the area and write an itinerary in Spanish.

Itinerario

PRONUNCIATION

 In certain cases the Spanish consonants *c* and *z* are pronounced in the same way.

c + *e* as in *centro*	*z* + *a* as in *plaza*
c + *i* as in *cine*	*z* + *o* as in *zona*
	z + *u* as in *zumo*

The same sound can occur at the end of a word. In that case it is spelled with a *z* as in *diez* or *Pérez*.

These sounds are pronounced two different ways in the Hispanic world. In Spain they sound similar to a strong English *th*. In the south of Spain and most Latin American countries they sound like *s*. Listen to the same examples read by someone from the north of Spain: *centro*, *cine*, *plaza*, *zona*, *zumo*

And now listen to the same words read by someone from Latin America: *centro*, *cine*, *plaza*, *zona*, *zumo*

However you choose to pronounce this sound you should get used to hearing both.

8. SPEAKING ACTIVITY

 Listen to this dialogue, which takes place in northern Spain, and practice saying the dialogue out loud.

Turista: **Por favor, ¿está cerca el centro de la ciudad?**
Is the city center near here, please?

Una señora: **Sí, está muy cerca. ¿Ve la plaza al final de la calle? Allí hay un gran centro comercial. Pues cruce la plaza y después tuerza en la tercera calle a la izquierda. El centro de la ciudad está allí: está a cinco minutos.**
Yes, it's very close. Do you see the square at the end of the street? There is a big shopping center. Cross the square and then turn the third street left. The city center is there; it's five minutes from here.

Turista: **Muchas gracias.**
Thank you very much.

136

GRAMMAR

To give directions in Spanish, use the imperative form of the verb. The imperative has two forms for "you," one formal (*usted*) and another more informal (*tú*). In this lesson we have used the formal, since it's the most commonly used in the situations presented.

For verbs in *-ar*, the ending is *-e*:

  tomar—tome   cruzar—cruce   bajar—baje
  Tome usted la calle a la derecha.

For verbs in *-er* and *-ir*, the ending is *-a*:

  ver—vea   subir—suba   seguir—siga   decir—diga
  Suba por esta calle todo recto y siga hasta el final.

9. WRITING ACTIVITY

Give the following instructions in Spanish.

  1. **Take the first corridor on the right.**

  2. **Go to the second floor.**

  3. **Go down the street.**

  4. **Cross the street.**

  5. **Continue going straight.**

Check It!

Test what you've learned in this lesson and review anything you're not sure of.

CAN YOU . . . ?

☐ **give and follow directions inside a building**

Tomen el primer pasillo.
Continúen por el pasillo.
La primera puerta a la derecha es la sala de Velázquez.

☐ **use ordinal numbers**

el segundo pasillo a la derecha/
la segunda sala a la derecha
el primer piso/la primera salida

☐ **correctly pronounce *c* + vowel and *z* + vowel combinations**

c + e, centro
c + i, cine
z + a, plaza
z + o, zona
z + u, zumo

Learn More

Collect Spanish-language brochures for hotels and tourist attractions. They often give written instructions as well as maps showing how to get there. A lot of this information can be found online too. See how many of the instructions you recognize

BERLITZ HOTSPOT Go to www.berlitzhotspot.com for...

 Social Networking
Share your favorite museum experiences with your Hotspot friends. Tell us who your favorite Spanish or Latin American artists are and the works that you especially like.

 Podcast 12
Picasso, for short.
Download the podcas

 Internet Activity
Are you interested in learning more about Spanish art? Go to **Berlitz Hotspot** for a link to the collection at the *Museo Picasso* in Málaga. Imagine you are coordinating an exhibition at an art museum and the *Museo Picasso* has loaned a few of their paintings to the exhibition. Select your favorites and give instructions about where your assistants should hang the paintings in relation to each other in the exhibition hall. Be sure to use vocabulary like ordinals (*primer, segundo*, etc.) and position words (*al lac de, enfrente de*, etc.).

 Video 6 – How stingy!
In Spain and Latin America, this gesture indicates that someone is stingy or cheap, in jest or as an insult. Although women often pay their own way socially in Spain, a certain level of generosity is usually expected from men. Watch the video to see this gesture.

En el mercado

LESSON OBJECTIVES

Lesson 13 is about buying food. When you have completed this lesson, you'll know how to:

- ask how much of something someone wants
- request specific quantities
- count to 1000

DIALOGUE

Ana is doing her grocery shopping.
Can you tell what she buys and how much of it?

Vendedora: **¿En qué puedo servirle?**
How can I help you?

Ana: **Deme azúcar, por favor.**
Give me some sugar, please.

Vendedora: **¿Cuánto azúcar quiere?**
How much sugar do you want?

Ana: **Un kilo, y medio kilo de sal y leche.**
One kilo and a half kilo of salt and milk.

Vendedora: **¿Cuánta leche quiere?** How much milk do you want?

Ana: **Un litro. Póngame también medio litro de aceite, un cuarto de queso, jamón...**
One liter. Also give me half a liter of oil, a quarter kilo of cheese, ham...

Vendedora: **¿Cuánto jamón quiere?**
How much ham do you want?

Ana: **Cien gramos.** 100 grams.

Vendedora: **¿Algo más?** Anything else?

Ana: **Sí, una lata de sardinas, un bote de mermelada, galletas...**
Yes, a can of sardines, a jar of marmalade, cookies...

Vendedora: **¿Cuántas galletas quiere?**
How many cookies do you want?

Ana: **Una caja grande de galletas. También un paquete de patatas fritas, y huevos.**
A big box. And also a packet of French fries and eggs.

Vendedora: **¿Cuántos huevos quiere?**
How many eggs do you want?

Ana: **Una docena de huevos.** A dozen eggs.

Vendedora: **¿Quiere alguna cosa más?** Do you want anything else?

Ana: **Nada más, gracias.**
Nothing else, thank you.

Use the following words and expressions to guide you through the lesson.

VOCABULARY

el aceite	oil	**la lechuga**	lettuce
el azúcar	sugar	**el litro**	liter
la barra de pan	loaf of bread	**la manzana**	apple
el bote	jar	**medio kilo**	half a kilo
la caja	box	**la merluza**	hake/cod
el cordero	lamb	**la mermelada**	marmalade
¿Cuánto/a?	How much?	**el panecillo**	(bread) roll
el cuarto (kilo)	quarter (kilo)	**el paquete**	packet
la docena	dozen	**el pepino**	cucumber
la galleta	cookie	**la sal**	salt
el gramo	gram	**la salchicha**	sausage
el huevo	egg	**el salmón**	salmon
el jamón	ham	**la sardina**	sardine
el kilo	kilo	**la trucha**	trout
la lata	can	**la zanahoria**	carrot
la leche	milk		

1. DIALOGUE ACTIVITY

A. What were some of the items on Ana's list?

B. What were some of the quantities mentioned?

DID YOU KNOW?

In Spanish-speaking countries quantities are given using the metric system.

GRAMMAR

To ask for quantities in Spanish, use *¿Cuánto?* (How much?) when it accompanies or refers to masculine nouns: *¿Cuánto pan?* (How much bread?)

Use *¿Cuánta?* with feminine nouns: *¿Cuánta leche?* (How much milk?)

To ask "How many?" use *cuántos* for masculine nouns: *¿Cuántos huevos?* (How many eggs?), and *cuántas* for feminine nouns: *¿Cuántas galletas?* (How many cookies?).

DID YOU KNOW?

In some Spanish-speaking countries people tend to use the diminutive when they are referring to small quantities. For example, if you only want a little bit of something, you can say *Deme un poquito, por favor.* (Give me a little, please.)

2. LISTENING ACTIVITY

 Listen to four people buying from various vendors in the market. Look at the illustrations of the four shops. Can you tell which dialogue corresponds to which shop? Then listen again and fill in the chart.

1. Vendedora: **Hola, buenos días. ¿Qué le pongo?**

   Cliente: **Por favor, póngame medio kilo de salmón, dos truchas y merluza.**

   Vendedora: **¿Cuánta merluza le pongo?**

   Cliente: **Un kilo.**

   Vendedora: **¡Tenga!**

   Cliente: **¿Cuánto es todo?**

   Vendedora: **El salmón ochocientos, las truchas quinientos setenta y cinco, y el kilo de merluza novecientos noventa y cinco.**

2. Vendedor: **Buenas tardes, ¿qué desea?**

Clienta: **Por favor, quiero dos barras de pan y panecillos.**

Vendedor: **¿Cuántos panecillos quiere?**

Clienta: **Cinco.**

Vendedor: **Aquí tiene.**

Clienta: **Muchas gracias. ¿Cuánto es?**

Vendedor: **Doscientos cincuenta pesos las barras y los panecillos trescientos.**

---

3. Cliente: **Deme un kilo de cordero y salchichas.**

Vendedor: **¿Cuántas salchichas quiere?**

Cliente: **Dos kilos.**

Vendedor: **Aquí tiene.**

Cliente: **Gracias. ¿Cuánto es?**

Vendedor: **Son novecientos cincuenta el cordero, y las salchichas seiscientos.**

---

4. Vendedora: **Buenos días. ¿Qué quieres?**

Cliente: **Dame dos kilos de manzanas y un kilo de zanahorias.**

Vendedora: **¿Algo más?**

Cliente: **Sí, una lechuga y tres pepinos. ¿Cuánto es todo?**

Vendedora: **Las manzanas doscientos cincuenta pesos, las zanahorias trescientos quince, la lechuga doscientos setenta y cinco y los pepinos cuatrocientos veinte pesos.**

 A. [ ]    B. [ ]

 C. [ ]    D. [ ]

	TIENDA	ARTÍCULO	CANTIDAD
1			
2			
3			
4			

GRAMMAR

 Numbers from 200 to 1000 have a masculine and a feminine form according to whether they accompany or refer to masculine or feminine nouns: *cuatrocientos dólares* (400 dollars), *doscientas tiendas* (200 stores). *Mil*, 1000, doesn't change. Listen to them and practice saying them aloud:

200	*doscientos/doscientas*
300	*trescientos/trescientas*
400	*cuatrocientos/cuatrocientas*
500	*quinientos/quinientas*
600	*seiscientos/seiscientas*
700	*setecientos/setecientas*
800	*ochocientos/ochocientas*
900	*novecientos/novecientas*
1.000	*mil*

Note: The *y* (and) doesn't come between the hundreds and the tens, but between the tens and the units:

210	*doscientos diez*
335	*trescientos treinta y cinco*
330	*trescientos treinta*
450	*cuatrocientos cincuenta*
545	*quinientos cuarenta y cinco*
678	*seiscientos setenta y ocho*
981	*novecientos ochenta y uno*

DID YOU KNOW?

In Spain and Latin-American countries, the market is an essential part of daily life. You not only go there to shop but also to meet your friends and socialize. There are open-air markets and indoor halls where you can find a variety of stalls, called *puestos*, which sell nearly everything. You might want to try some *jamón serrano*, a kind of cured ham; *chorizo*, a spicy red sausage or *salchichón*, salami.

3. WRITING ACTIVITY

Practice writing out the following prices.

1. **332 dollars**

2. **500 pesos**

3. **467 euros**

4. **792 pesos**

5. **225 cents**

6. **999 dollars**

4. SPEAKING ACTIVITY

Translate the following quantities aloud.

1. **one kilo of sugar**

2. **half a kilo of salt**

3. **one liter of milk**

4. **half a liter of oil**

5. **a quarter kilo of cheese**

6. **100 grams of ham**

7. **a can of sardines**

8. **a jar of marmalade**

9. **a box of cookies**

10. **a packet of French fries**

11. **a dozen eggs**

5. SPEAKING ACTIVITY

It's your turn to ask for items. Play the part of Ana and formulate her responses based on the prompts.

Vendedor: **¿En qué puedo servirle?**

Ana: Ask for some sugar.

Vendedor: **¿Cuánto azúcar quiere?**

Ana: Say you want 1 kilo of sugar and 1/2 kilo of salt and milk.

Vendedor: **¿Cuánta leche quiere?**

Ana: Say that you want one liter. Also ask for half a liter of oil, a quarter kilo of cheese, ham...

Vendedor: **¿Cuánto jamón quiere?**

Ana: Say that you want 100 grams.

Vendedor: **¿Algo más?**

Ana: Say: yes, a can of sardines, a jar of marmalade, cookies...

Vendedor: **¿Cuántas galletas quiere?**

Ana: Say that you want a big box and also a packet of French fries and eggs too.

Vendedor: **¿Cuántos huevos quiere?**

Ana: Say you want a dozen eggs.

Vendedor: **¿Quiere alguna cosa más?**

Ana: Say that you don't want anything else, thank you. And ask how much everything is.

Vendedor: **Son veinticinco euros.**

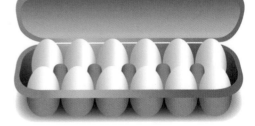

6. WRITING ACTIVITY

Match each item with the appropriate form of the question "How much...do you want?" so that the question is grammatically correct in Spanish.

a. ¿Cuánto [ ] quiere?

b. ¿Cuánta [ ] quiere?

c. ¿Cuántos [ ] quiere?

d. ¿Cuántas [ ] quiere?

1.	**a.** aceite	10.	jamón	19.	panecillos
2.	azúcar	11.	kilos	20.	paquetes
3.	barras de pan	12.	latas	21.	pepinos
4.	botes	13.	leche	22.	sal
5.	cajas	14.	lechugas	23.	salchichas
6.	cordero	15.	litros	24.	salmón
7.	galletas	16.	manzanas	25.	sardinas
8.	gramos	17.	merluza	26.	truchas
9.	huevos	18.	mermelada	27.	zanahorias

Check It!

Test what you've learned in this lesson and review anything you're not sure of.

CAN YOU . . . ?

☐ **ask how much of something someone wants**
¿Cuánto azúcar quiere?
¿Cuánta leche quiere?
¿Cuántas galletas quiere?
¿Cuántos huevos quiere?

☐ **tell someone how much of something you want**
Deme medio litro de aceite, por favor.
Póngame un kilo de manzanas.
Una docena de huevos, por favor.
Quiero dos barras de pan.
Quiero una barra de pan.

☐ **count up to 1000**
232 dólares
500 pesos

 BERLITZ HOTSPOT   Go to www.berlitzhotspot.com for...

 Social Networking
Have you ever been to a market where your language wasn't spoken? Share your market stories with your Hotspot friends.

 Podcast 13
The *Boquería*
Download this podca

Internet Activity
Are you interested in practicing what you've learned? Go to **Berlitz Hotspot** for a list of links to Spanish grocery stores. Have a look and practice naming items you know and requesting quantities.

Comprando ropa

DIALOGUE

 Listen as Fernando shops for clothes.

Vendedora:	**¿En qué puedo servirle?** How can I help you?
Fernando:	**¿Tiene esta camisa en azul?** Do you have this shirt in blue?
Vendedora:	**No, lo siento.** No, I'm sorry.
Fernando:	**¿En qué colores la tiene?** In what colors do you have it?
Vendedora:	**Sólo la tenemos en blanco. ¿La quiere?** We have it in white only. Do you want it?
Fernando:	**Sí.** Yes.
Vendedora:	**¿Qué talla usa?** What size do you wear?
Fernando:	**La cuarenta.** 40
Vendedora:	**¿Le gusta la camisa?** Do you like the shirt?
Fernando:	**Sí, me gusta. Pero la quiero más grande, en la talla cuarenta y dos. ¿Qué precio tiene?** Yes, but I want it bigger, size 42. What's its price?
Vendedora:	**Setecientos cincuenta pesos.** 750 pesos.
Fernando:	**Oh, es un poco cara. Pero me la quedo. ¿Cuánto cuestan estos pantalones cortos?** It's a bit expensive but I'll take it. How much do these shorts cost?
Vendedora:	**Doscientos ochenta.** 280
Fernando:	**¿En qué colores los tiene?** In what colors do you have them?
Vendedora:	**En rojo, blanco y negro.** In red, white and black.
Fernando:	**¿Tiene los rojos en la talla cuarenta?** Do you have the red ones in the size 40?
Vendedora:	**Sí, ¿le gustan?** Yes, do you like them?
Fernando:	**Sí, mucho. ¿Aceptan tarjetas de crédito?** Yes, very much. Do you accept credit cards?
Vendedora:	**Sí, ¿tiene su documento de identidad? ¿Puede firmar aquí por favor?** Yes, do you have your identity card? Could you sign here please?

Use the following words and expressions to guide you through the lesson.

VOCABULARY

el abrigo	overcoat	**firmar**	to sign
aceptar	to accept	**gustar**	to please, to like
la blusa	blouse	**largo/a**	long
la caja	cash register	**más**	more
la camisa	shirt	**mirar**	to look
la camiseta	T-shirt	**oscuro/a**	dark
la cara	face	**pagar en efectivo**	to pay cash
el carnet de identidad/ el documento de identidad	identity card	**el pantalón/ los pantalones**	trousers
		los vaqueros (Spain)	jeans
caro/a	expensive	**pensar**	to think
la cazadora	(sports) jacket	**el precio**	price
la chaqueta	jacket	**rayas, a rayas**	stripes, striped
claro/a	light, clear	**el suéter**	sweater
la corbata	tie	**la talla**	size
corto/a	short	**la tarjeta de crédito**	credit card
demasiado	too (much)	**los tejanos** (Lat. Am.)	jeans
demasiados/as	too many	**el tipo**	type
estampado/a	patterned	**el traje**	suit
la falda	skirt	**ver**	to see

1. DIALOGUE ACTIVITY

A. What items does Fernando decide to buy?

B. What color items does he buy?

2. **LISTENING ACTIVITY**

Which of these items does Fernando buy? Write down the colors, sizes and prices. What do you think the total amount he spent is?

shirt

shorts

suit

sweater

umbrella

hat

In Spanish, the adjective tends to follow the noun rather than precede it. So, while in English one would say "a white shirt", in Spanish one would say *una camisa blanca*.

3. WRITING ACTIVITY

Label the following items in Spanish.

4. LISTENING ACTIVITY

 Listen to three more customers shopping for clothes. One of them doesn't buy anything. Which one? Listen a second time and fill in the chart for each customer.

1. **Vendedor:**   **¿Le atienden?**

   Cliente: **No. Por favor, ¿tiene este suéter en negro?**

   Vendedor: **No, lo siento. Sólo lo tenemos en marrón.**

   Cliente: **Bueno, me gusta más el negro pero el marrón también es bonito.**

   Vendedor: **¿Qué talla usa?**

   Cliente: **La cuarenta y cuatro. ¿Cuánto cuesta?**

   Vendedor: **Quinientos pesos. ¿Quiere algo más?**

   Cliente: **Sí, unos pantalones vaqueros, también en la talla cuarenta y cuatro.**

   Vendedor: **¿De qué color los quiere, azul claro o azul oscuro?**

   Cliente: **Azul oscuro.**

   Vendedor: **Bien. ¿Cómo quiere pagar? ¿En efectivo o con tarjeta?**

   Cliente: **En efectivo.**

---

2. **Vendedor:**   **¿Ya le atienden?**

   Clienta: **Sólo estoy mirando.**

   Vendedor: **¿Le gusta este abrigo?**

   Clienta: **No sé... es muy largo y...demasiado caro.**

   Vendedor: **Este es más corto, ¿le gusta éste?**

   Clienta: **No sé...quiero pensarlo. Adiós.**

---

3. **Vendedora:**   **¿En qué puedo servirle?**

   Clienta: **Por favor, ¿tiene este abrigo en verde?**

   Vendedora: **No, lo siento, sólo lo tenemos en negro.**

   Clienta: **Mmm...bueno, éste es muy grande.**

   Vendedora: **Sí, ¿qué talla usa?**

   Clienta: **La treinta y ocho. ¿Cuánto cuesta?**

   Vendedora: **Mil quinientos setenta pesos.**

   Clienta: **De acuerdo, me lo quedo. ¿Tiene camisetas?**

   Vendedora: **Sí, ¿de qué color la quiere?**

   Clienta: **Quiero una camiseta amarilla.**

   Vendedora: **Aquí tiene.**

Clienta:	¿Qué precio tiene ésta?		
Vendedora:	Son setecientos sesenta y seis.		
Clienta:	Bueno, me la quedo también, pero deme la talla cuarenta, por favor.		
Vendedora:	Aquí tiene. Puede pagar en la caja.		

Ropa	Color	Talla	Precio
1.			
2.			
3.			

5. SPEAKING ACTIVITY

Now, it's your turn. Take part in the dialogues following the prompts.

Vendedor:	**¿Le atienden?**
Usted:	Say no and ask if they have the pants you are holding in another color (pick one).
Vendedor:	**No, lo siento. Sólo los tenemos en marrón. ¿Qué talla usa?**
Usted:	Give the salesperson your size and ask how much they cost.
Vendedor:	**Quinientos pesos. ¿Los quiere?**
Usted:	Say yes and ask if they have T-shirts.
Vendedor:	**¿De qué color la quiere, blanca, azul clara, azul oscura o negra?**
Usted:	Specify which color you want.
Vendedor:	**Bien. ¿Cómo quiere pagar? ¿En efectivo o con tarjeta?**
Usted:	State whether you want to pay by cash or credit card.

Vendedor:	**¿Ya le atienden?**
Usted:	Say you are just looking.
Vendedor:	**¿Le gusta este abrigo?**
Usted:	Say that you are not sure and say it is too short.
Vendedor:	**Éste es más largo, ¿le gusta éste?**
Usted:	Say that you are still not sure and that you want to think about it.

GRAMMAR

To say "I like" in Spanish use *me gusta* if the object, action or person you like is one or singular, and *me gustan* if you like more than one object or person:

Me gusta el abrigo.   *Me gustan los abrigos.*
Me gusta este queso.   *Me gustan los quesos españoles.*

It is actually easier to conceptualize it as something being pleasing to you, for example, *me gusta el abrigo* or *el abrigo me gusta*, literally means "the overcoat is pleasing to me."

To express the second person: "you like," say: *te gusta or te gustan*:

¿Te gusta la fruta?   *¿Te gustan las naranjas?*

And for the third person, "he/she likes," and the formal *usted*, use *le gusta, le gustan*:

Le gusta el jamón.   *Le gustan las galletas.*

To express dislike, insert the word *no* in front:

No me gusta el abrigo.   *No me gustan los abrigos.*

6. WRITING ACTIVITY

Practice using the direct object pronouns: *lo/los, la/las*, by taking the role of the salesperson in the following exchanges.

Example:

Quiero este traje. | **¿En qué talla lo quiere?** | En la 46, por favor.

1. **Quiero esta camiseta.** | | En negro, por favor.

2. **Quiero este abrigo.** | | En la 42, por favor.

3. **Quiero estos pantalones.** | | En beis, por favor.

4. **Quiero estas corbatas.** | | En rojo y negro, por favor.

5. **Quiero este suéter.** | | En azul claro, por favor.

6. **Quiero esta blusa.** | | En la 38, por favor.

7. **Quiero estos vaqueros.** | | En la 36, por favor.

8. **Quiero esta cazadora.** | | En verde oscuro, por favor.

7. WRITING ACTIVITY

State whether you like the following items or not.

1. **estas camisetas amarillas**

2. **las faldas estampadas**

3. **el abrigo corto**

4. **los vaqueros negros**

5. **esta corbata verde**

6. **la cazadora marrón**

7. **el traje gris**

8. **la chaqueta beis**

GRAMMAR

The direct object pronoun "it" is expressed in Spanish in many ways. For the singular: lo is masculine and la is feminine. For the plural: masculine los and feminine las.

Examples:

Quiero este suéter.   *¿De qué color lo quiere?*

Quiero esta camisa.   *¿De qué color la quiere?*

Quiero estos pantalones.   *¿De qué color los quiere?*

Quiero estas blusas.   *¿De qué color las quiere?*

Check It!

Test what you've learned in this lesson and review anything you're not sure of.

CAN YOU . . . ?

☐ **ask what color something is or what colors you'd like**
¿De qué color la tiene?
¿De qué color los quiere?

☐ **give an opinion and express likes or dislikes and preferences**
Me gusta.
Me gustan mucho.
Es un poco caro.
Es demasiado caro.
Me gusta más el negro, pero el marrón también es bonito.
La quiero más grande.

☐ **ask and talk about sizes for clothes, shoes and objects**
¿Qué talla usa?
¿Tiene los rojos en la talla cuarenta?
Quiero ésta de tamaño mediano.

☐ **ask for the price of things and the way to pay for them**
¿Qué precio tiene?
¿Cuánto cuestan estos pantalones cortos?
¿Aceptan tarjetas de crédito?

☐ **say you will take or buy something**
Me lo quedo.
Me la llevo.

☐ **refuse help in a store or explain you don't want to buy something**
No sé. Quiero pensarlo.
Lo pensaré.

BERLITZ HOTSPOT Go to www.berlitzhotspot.com for...

 Social Networking
Tell your Hotspot friends what you are wearing today!

 Podcast 14
¿La última?
Download the podcast

 Internet Activity
Are you interested in learning more about Spanish fashion? Go to **Berlitz Hotspot** for links to some Spanish clothing stores. Look through the catalogues and identify the items you see by item type and description (color, pattern, length, etc.). Say which items you want and what size and color you want it in.

 Video 7 – Sale season
Dressing rooms in Spain tend to be small and few in number. The gesture in the video indicates that a place is packed or that there is a large amount of something, in this case, people waiting in line. The gesture may sometimes be accompanied by the phrase, *Está llenísimo*. It's packed. Watch the video to see this gesture.

El centro comercial

159

DIALOGUE

 Listen to the following dialogues which takes place in a shopping mall in Mexico City.

Clienta: **Por favor, ¿cuánto cuestan estas gafas de sol?**
How much do these sunglasses cost?

Vendedor: **Mil quinientos pesos.**
1,500 pesos.

Clienta: **Son muy grandes. ¿Tiene más pequeñas?**
They are very big. Do you have smaller ones?

Vendedor: **Sí, ¿le gustan estas verdes? Son un poco más pequeñas.**
Yes. Do you like the green ones? They are a bit smaller.

Clienta: **Sí, ¿qué precio tienen?**
Yes, how much do they cost?

Vendedor: **Dos mil pesos. ¿Se las envuelvo?**
2,000 pesos. Shall I wrap them for you?

Clienta: **Sí, gracias.**
Yes, thank you.

Clienta: **Señorita, por favor, ¿cuánto vale este bolso rojo?**
How much does this red bag cost, please?

Señorita: **Tres mil pesos.**
3,000 pesos.

Clienta: **¿Puede enseñarme uno más grande?**
Could you show me a bigger one?

Señorita: **Éste es igual, del mismo color, pero es más grande.**
This is the same one, in the same color, but it's bigger.

Clienta: **Sí, es bonito, ¿cuánto es?**
Yes, it's nice. How much is it?

Señorita: **Cinco mil pesos.**
5,000 pesos.

Clienta: **Es un poco caro. Gracias, lo pensaré.**
It's a little expensive. Thank you, I'll think about it.

Use the following words and expressions to guide you through the lesson.

VOCABULARY

a veces	sometimes	la oferta	(special) offer
el anillo de diamantes	diamond ring	el perfume	perfume
el artículo	article	la perfumería	store specializing in perfumes and cosmetics
barato/a	cheap	la plancha de viaje	travel iron
el bolso	handbag	la planta baja	ground floor
el calcetín	sock	el plato (de cerámica)	(ceramic) plate
la calidad	quality	la playa	beach
la cerámica	ceramic pottery	la raqueta de tenis	tennis racket
la crema (bronceadora)	(suntan) lotion	rebajado/a	reduced (in price)
el deporte	sports	las rebajas	(special) sales
envolver	to wrap	reducido/a	reduced
especial	special	el regalo	gift
flojo/a	loose	la ropa	clothes, clothing
las gafas de sol	(pair of) sunglasses	la sandalia	sandal
la ganga	bargain	el secador	hair dryer
la gorra	hat	la sección	section/ department
los grandes almacenes	department stores	el tamaño	size
el hogar	home	la toalla	towel
igual	the same	el ventilador	fan
la marca	brand, make	el verano	summer
mediano/a	medium	el zapato	shoe
mejor	better, best		
mismo/a	the same		

1. DIALOGUE ACTIVITY

A. What does each customer purchase?

B. What is the initial complaint in each case?

2. LISTENING ACTIVITY

 We are in a big store: *Los Grandes Almacenes Galerías*. Listen to the following dialogues in which people buy things. Complete one part of the chart for each dialogue.

1. **Vendedor:** **¿En qué puedo ayudarle?**

   Cliente: **Quiero unos zapatos.**

   Vendedor: **¿Qué número usa?**

   Cliente: **El cuarenta y dos.**

   Vendedor: **No tenemos el cuarenta y dos en este color. Sólo los tenemos en azul.**

   Cliente: **Bueno.**

   Vendedor: **¿Qué tal?**

   Cliente: **Bien, estos están bien. Me los llevo puestos.**

   Vendedor: **Muy bien. Son mil setecientos pesos. Pague en caja, por favor.**

2. **Vendedora:** **¿Qué desea?**

   Cliente: **Quiero una raqueta de tenis.**

   Vendedora: **¿De qué tamaño la quiere?**

   Cliente: **Pues, no sé. Es para mi hijo, tiene doce años.**

   Vendedora: **Tenemos ésta, de tamaño mediano.**

   Cliente: **Sí, ésta me gusta. ¿Cuánto es?**

   Vendedora: **Dos mil quinientos: está rebajada.**

3. **Clienta:** **Por favor, ¿dónde hay bronceadores?**

   Vendedor: **Tiene que ir a la planta baja en la sección de perfumería.**

   Clienta: **Gracias. ¿Y las toallas de baño, están en esta sección?**

   Vendedor: **Sí, están allí.**

   Clienta: **Gracias**.

	Artículo	Tamaño	Color	¿Lo/La compra? (Sí/No)	Precio
1					
2					
3					

3. LISTENING ACTIVITY

Listen to the weekly specials at *Galerías*. Look at the picture, list the items in the order in which they are mentioned, and write down the price of each one.

4. SPEAKING ACTIVITY

Play the part of the customer in these dialogues, following the prompts.

Dependienta:	**¿Qué desea?**
Usted:	Say you want a tennis racquet.
Dependienta:	**¿De qué tamaño la quiere?**
Usted:	Say you don't know. It's for your 11-year-old daughter.
Dependienta:	**Mire, ésta es la más pequeña que tenemos.**
Usted:	Ask for one a bit bigger.
Dependienta:	**Tenemos ésta de tamaño mediano.**
Usted:	Say you like it. Ask for the price.
Dependienta:	**Dos mil quinientos.**
Usted:	Ask if it's reduced.
Dependienta:	**Sí, está rebajada.**

5. WRITING ACTIVITY

You are on vacation and want to buy some presents. Make a shopping list. Choose what you would like to buy for your family and friends. Decide the color and size of the items, and how much you want to spend.

Example: **Un bolso negro pequeño de 600 pesos para mi madre.**

6. WRITING ACTIVITY

You were really unlucky today and you lost all your presents and some other things you have bought. Go to lost and found and describe everything you lost. Use the following as a guide.

Example: large size/red/hat/1,000 pesos worth
Una gorra roja de tamaño grande que cuesta mil pesos.

1. **sunglasses/dark blue/small/12 euro**

2. **shoes/black/size: 40/3,000 pesos**

3. **medium/leather/brown/bag/20 euro**

4. **big/white/very expensive/tennis racket**

PRONUNCIATION

The consonant *r* is pronounced differently depending on where it is in a word. If it occurs at the beginning of a word, the sound is strong and rolled:

ropa, rebajas, reducido

If it occurs in the middle of a word, between two vowels, the sound is softer and is not rolled:

quiero, zanahoria, parece, claro, caro, vaqueros

When a rolled *r* occurs between vowels, it is written *rr*:

barra, marrón

If the *r* occurs between a consonant and a vowel, or a vowel and a consonant, or at the end of a word, the *r* sound is rolled and is softer than when it occurs at the beginning of the word:

mercado, azúcar, grande, litro

Listen and practice saying the following sentences:

Compro una raqueta roja, reducida, en las rebajas. (I'll buy a red jacket on sale.)

Quiero un sombrero amarillo oscuro. (I want a dark yellow hat.)

El abrigo marrón es más barato que el rojo.
(The brown coat is cheaper than the red one.)

GRAMMAR !

In Spanish, adjectives that express quality are usually placed after the noun. This is also the case with colors. As adjectives, they also change gender and number depending on the noun they accompany:

la camisa blanca, las camisas blancas, los pantalones blancos

Comparatives in Spanish use *más, más...que* (more, more...than):

La quiero más grande.
El bolso negro es más barato que el azul.

7. WRITING ACTIVITY

Translate each of the following items from English to Spanish. Be sure to make everything agree according to gender and number.

1. **This diamond ring is small and expensive.**

2. **The grey bag is cheaper than the black bag.**

3. **My black socks are too big.**

4. **I like her big sunglasses.**

5. **The blue plate is reduced.**

6. **I don't like his loose clothing.**

7. **Our yellow towels are special.**

8. **These brown shoes are too small.**

8. LISTENING ACTIVITY

Listen to a Mexican man talking about shops and markets in Mexico. He also talks about shopping habits. Answer the following questions.

1. **What kinds of shops are there?**

2. **What are the markets like?**

3. **Which are the most famous markets in Mexico?**

4. **What items are sold in markets?**

5. **What traditional presents can tourists buy?**

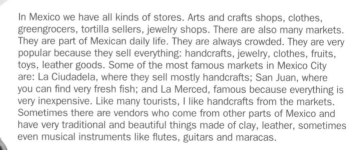

En México hay todo tipo de tiendas. Tiendas de artesanía, de ropa, fruterías, tortillerías, joyerías. También hay muchos mercados: son parte de la vida diaria en México. Siempre están llenos de gente. Son muy populares porque venden de todo: artesanías, joyas, ropa, fruta, juguetes, artículos de cuero. Algunos de los mercados más famosos en la Ciudad de México son La Ciudadela, donde venden principalmente artesanías, el de San Juan, donde consigues pescado muy fresco y La Merced, famoso porque venden todo muy barato. A mí, como a muchos turistas, me gustan las artesanías de los mercados. A veces hay vendedores que vienen de otros lugares de México y tienen cosas muy tradicionales y bonitas de barro, cuero, y a veces hasta instrumentos musicales, como las flautas, guitarras o maracas.

In Mexico we have all kinds of stores. Arts and crafts shops, clothes, greengrocers, tortilla sellers, jewelry shops. There are also many markets. They are part of Mexican daily life. They are always crowded. They are very popular because they sell everything: handcrafts, jewelry, clothes, fruits, toys, leather goods. Some of the most famous markets in Mexico City are: La Ciudadela, where they sell mostly handcrafts; San Juan, where you can find very fresh fish; and La Merced, famous because everything is very inexpensive. Like many tourists, I like handcrafts from the markets. Sometimes there are vendors who come from other parts of Mexico and have very traditional and beautiful things made of clay, leather, sometimes even musical instruments like flutes, guitars and maracas.

Check It!

Test what you've learned in this lesson and review anything you're not sure of.

CAN YOU . . . ?

☐ **ask for an opinion**
¿Qué le parece?

☐ **request something or ask for information**
¿Tiene más pequeñas?
¿Puede enseñarme uno más grande?

☐ **say you will take or buy something**
Me los llevo puestos.

☐ **use adjectives correctly**
la camisa blanca
las camisas blancas

☐ **use comparatives correctly**
La quiero más grande.
El bolso negro es más barato que el azul.

Learn More

Look up the Spanish names of items around your home or office in a dictionary. Then write out name tags in Spanish and attach them to the items. Self-adhesive notes are ideal for this, as they're easy to peel off.

 BERLITZ HOTSPOT   Go to www.berlitzhotspot.com for...

 Social Networking
Share your opinions on fashion with your Hotspot friends. Tell them which fashion items you like more than others, like *Me gustan más las sandalias que los zapatos.* (I like sandals better than shoes.)

 Podcast 15
Shopping in Latin America. Download the podcast.

Internet Activity
For more practice using the comparative and stating specifically what you want, return to the links to the Spanish clothing stores at **Berlitz Hotspot**. Look through the catalogues and compare items using the phrases *más* and *más...que*.

 Video 8 – Waiting in vain
In Spain, this hand gesture is used to indicate someone has cut in line (or has attempted to do so). You can also use this expression any time you want to indicate that someone is "cheeky" or "has a lot of nerve". Watch the video to learn more.

Lesson 16

One Ticket, Please.

Un billete, por favor.

LESSON OBJECTIVES

Lesson 16 is about getting around the city. When you have completed this lesson, you'll know how to:

- negotiate your way around the city using the bus, the subway and taxis
- use the verbs *poder, querer, tener que* and *hay que*

DIALOGUE

 Pedro is negotiating his way around the city.
Listen to two conversations he has along the way.

En la calle (On the street)

Pedro:	**Por favor, ¿dónde está la Plaza Mayor?** Where is Plaza Mayor, please?
Un señor:	**Pues, tiene que ir por esta calle, todo derecho, y después tomar la avenida de Las Américas.** You have to go straight ahead on this street and then take Avenue of the Americas.
Pedro:	**¿Puedo ir a pie?** Can I walk there?
Un señor:	**Pues está muy lejos, tiene que tomar el autobús.** It's very far from here; you have to take the bus.
Pedro:	**¿Qué autobús tengo que tomar?** What bus do I have to take?
Un señor:	**Tiene que tomar el número treinta.** You have to take the number 30.
Pedro:	**¿Sabe usted dónde está la parada?** Do you know where the bus stop is?
Un señor:	**Está allí, a la derecha.** It's over there, on the right-hand side.
Pedro:	**Muchas gracias.** Thank you.

En el autobús (On the bus)

Pedro:	**Por favor, ¿este autobús va a la Plaza Mayor?** Does this bus go to Plaza Mayor?
Chofer de autobús:	**Sí, señor.** Yes.
Pedro:	**Deme un billete, por favor.** Give me a ticket, please.
Chofer de autobús:	**Aquí tiene.** Here you are.
Pedro:	**¿Puede avisarme de cuándo tengo que bajar, por favor?** Could you let me know when I have to get off please?
Chofer de autobús:	**¡Sí, claro, no se preocupe!** Sure, don't worry!

Use the following words and expressions to
guide you through the lesson.

VOCABULARY

a pie	on foot	**deber**	must, ought to
a todas partes	everywhere	**ir**	to go
el abono	travel card	**libre**	free
andar	to walk	**la línea**	the line
avisar	to tell/warn	**llevar**	to take, carry
bajar (del autobús)	to get off (the bus)	**el metro**	subway
el billete	ticket	**el norte**	north
el billete de ida	one-way ticket	**la parada**	stop
el billete de ida y vuelta	round-trip ticket	**pues...**	well...
		el recibo	receipt
cambiar	to change	**el taxi**	taxi
chofer/conductor (de autobús)	(bus) driver	**viajar**	to travel
dar	to give	**el viaje**	trip

1. DIALOGUE ACTIVITY

A. **Where does Pedro want to go?**

B. **What's the best way to get there according to the man?**

DID YOU KNOW?

In Spain, a bus is called an *autobús*. In Puerto Rico, a bus is
a *guagua* and in Mexico a *camión*. In Mexico, there are also
minibuses called *peseras* that you can stop anywhere you
like. You have to tell the driver where you are going and you
pay accordingly. You can pay when you get off the bus. They
are called *peseras* because they used to cost one peso.

2. LISTENING ACTIVITY

 Listen to the dialogues. Write the number of each dialogue under the corresponding illustration.

1. **Una señora:** ¿Puede decirme qué línea me lleva a la estación de Bellas Artes?

   Vendedor: Sí, tome la línea verde en dirección sur.

   Una señora: ¿Hay que cambiar de línea?

   Vendedor: Sí, en la estación Hidalgo, que está a tres estaciones de aquí.

   Una señora: ¿Y después?

   Vendedor: Después tiene que tomar la línea azul en dirección Plaza Independencia.

   Una señora: Muchas gracias. Por favor, ¿puede darme un mapa del metro?

   Vendedor: Sí, aquí tiene.

2. **Jorge:** ¿Está libre?

   Taxista: Sí señor.

   Jorge: ¿Puede llevarme a la avenida de Los Insurgentes, por favor?

   Taxista: Es una avenida muy larga. ¿A qué número va?

   Jorge: Al doscientos veinticinco. ¿Sabe usted dónde está?

   Taxista: Sí, está muy cerca.

   Jorge: ¿Cuánto le debo?

   Taxista: Son veinte pesos.

   Jorge: Tenga. ¿Me da un recibo por favor?

   Taxista: Sí, un momento, aquí tiene.

3. **Andrés:** ¿Cuánto vale un abono por favor?

   Vendedor: Diez (euros).

   Andrés. ¿Para cuántos viajes sirve?

   Vendedor: Para diez viajes.

Andrés: **¿Y puedo viajar a todas partes?**

Vendedor: **Sí, puede viajar por toda la ciudad.**

Andrés: **Bueno. Pues deme un abono, por favor.**

3. LISTENING ACTIVITY

Now listen again to the dialogues and say whether the following statements are true or false.

1. **La señora no tiene que cambiar de línea para ir a la estación de Bellas Artes.**   ☐ True   ☐ False

2. **Bellas Artes está en la línea azul.**   ☐ True   ☐ False

3. **Bellas Artes está en dirección norte.**   ☐ True   ☐ False

4. **En total son tres estaciones hasta Bellas Artes.**   ☐ True   ☐ False

5. **El taxi va al número 220 de la avenida de Los Insurgentes.**   ☐ True   ☐ False

6. **La avenida de Los Insurgentes es muy larga.**   ☐ True   ☐ False

7. **El viaje en taxi cuesta diez pesos.**   ☐ True   ☐ False

8. **Un abono vale dos euros.**   ☐ True   ☐ False

9. **Vale para doce viajes.**   ☐ True   ☐ False

10. **Con el abono sólo se puede viajar por el centro de la ciudad.**   ☐ True   ☐ False

173

4. SPEAKING ACTIVITY

Use these prompts to play the part of
a customer in a taxi.

Usted: Ask if he is free.

Taxista: **Sí.**

Usted: Ask if he can take you to Valencia Avenue.

Taxista: **Sí, claro. Pero es una avenida muy larga, ¿a qué número va?**

Usted: Tell him number 175. Ask if he knows where that is.

Taxista: **Sí, está al final de la avenida.**

Usted: Ask how much you owe him.

Taxista: **Son seiscientos cincuenta pesos.**

Usted: Say, "Here you are." Ask if you can have a receipt.

5. WRITING ACTIVITY

Write an email to a friend you are planning to visit. You want to find out how to get
around. Ask how much an *abono* costs, how many trips it is good for and if you
can use it to travel anywhere in town. Ask also if there is a subway in the town and
whether the taxis are expensive.

6. WRITING ACTIVITY

Juan, a Spanish-speaking friend, is coming to visit you! Send him an email, and provide him with the following information about your town: Name of town; size; a short description of the subway, bus and/or train system; and the price of the fare.

Now, draw a picture of your town, and label the main landmarks and public transportation stops for Juan in Spanish.

7. WRITING ACTIVITY

Put your vocabulary to use and translate the following sentences.

1. **I can't take the train, I don't have a ticket.**

2. **You have to buy a ticket.**

3. **We can't take a taxi, we don't have enough money.**

4. **One must either take the subway or the bus from the airport. Taxis are too expensive.**

5. **I want to take the bus and then switch to the subway at Plaza de España.**

6. **It's not necessary to take the bus, we can walk.**

Verbs Followed by the Infinitive

GRAMMAR

Poder plus infinitive means "to be able to" and "can":

Este año puedo ir de vacaciones a España.
(This year I can go on vacation to Spain.)

Querer means "to want" and "would like":

> *Quiero ir al cine esta tarde.*
> (I want to go to the movies this afternoon.)

Tener que means "to have to" and "must":

> *Tengo que estudiar para el examen.* (I must study for the exam.)

Hay que means "one must" and "it is necessary":

> *Hay que cuidar los parques.*
> (It is necessary to look after the parks.)

In all of these cases, to make the statement negative, simply insert *no* before the verb:

> *Este año no puedo ir de vacaciones a España.*
> (This year I cannot go on vacation to Spain.)

> *No quiero ir al cine esta tarde.*
> (I do not want to go to the movies this afternoon.)

> *No tengo que estudiar para el examen.*
> (I do not have to study for the exam.)

> *No hay que cuidar los parques.*
> (It is not necessary to look after the parks.)

Check It!

Test what you've learned in this lesson and review anything you're not sure of.

CAN YOU . . . ?

☐ **buy a ticket or a travel card**
Deme un boleto, por favor.
Deme un abono, por favor.
Deme un billete de ida y vuelta para el Talgo.
Un billete de ida.

☐ **ask for information about how to get to a place in town and information about buses**
¿Puedo ir andando?
¿Qué camión tengo que tomar?
¿Sabe usted dónde está la parada?
Por favor, ¿este camión va a la Plaza de España?
¿Puede avisarme cuándo tengo que bajar, por favor?
¿Cuánto vale un abono, por favor?
¿Para cuántos viajes sirve?
¿Puedo viajar a todas partes?

☐ **ask for subway information**
¿Puede decirme qué línea me lleva a Bellas Artes?
¿Hay que cambiar de línea?
¿Puede darme un mapa del metro?

☐ **hire a taxi**
¿Está libre?

☐ **tell the taxi driver where to take you**
¿Puede llevarme a la avenida de Los Insurgentes, por favor? Número doscientos veinticinco.
¿Sabe usted dónde está...?

☐ **pay**
¿Cuánto le debo?

☐ **ask for a receipt**
¿Me da un recibo, por favor?
¿Puede darme el recibo?

☐ **ask if you are able to do or get something**
¿Puedo viajar a todas partes?
¿Puede decirme qué línea es?
¿Puede darme un mapa del metro?
¿Puede llevarme?

BERLITZ HOTSPOT Go to www.berlitzhotspot.com for...

 Social Networking
Do you have any experience using public transportation in a foreign country? Tell your Hotspot friends about your experiences and share any handy tips you have.

 Podcast 16
Yo, el metro.
Download this podca

 Internet Activity
Are you interested in more practice regarding public transportation? Go to **Berlitz Hotspot** to access the routes for the Touristic Bus in Barcelona. Practice explaining how to get from one attraction to another, using *poder, querer, tener que* and *hay que*.

 Video 9 – Time to go!
This very common gesture in Spain indicates that you are leaving or that you need to get going. It is particularly helpful when you want to indicate to someone far from you that it's time to leave. Watch the video to learn more.

Lesson 17 At the Train Station

En la estación de tren

LESSON OBJECTIVES

Lesson 17 is about using the train. When you have completed this lesson, you'll know how to:

- make a train reservation
- use a number of prepositions correctly

179

DIALOGUE

Emi and Lola, two friends living in Madrid, are planning a trip to Valencia. Read their instant messages; note that they are using the informal you, since they are friends.

¡Hola Lola! ¡Tengo muchas ganas de viajar a Valencia!

Hey Lola! I can't wait for our trip to Valencia!

¡Yo también! ¿A qué hora salen los trenes para Valencia mañana?

Me too! At what time tomorrow do the trains leave for Valencia?

Hay un tren Alaris que sale de la estación de Atocha, mañana a las 11 de la mañana. También hay un tren regional que sale a las 11:55 mañana.

There's an Alaris train leaving Atocha at 11 am tomorrow. There is also a regional train that leaves at 11:55 am tomorrow.

What time do the trains arrive?

¿A qué hora llegan los trenes?

El más rápido es el Alaris, sólo tarda cuatro horas y llega a las 14:47.

The Alaris is the fastest; it takes only four hours and arrives at 2:47 pm.

What time does the regional train arrive?

¿A qué hora llega el tren regional?

El tren regional llega a las 17:52.

The regional train arrives at 5:52 pm.

¡Oh! ¡El tren regional tarda mucho! ¿Es el más barato?

Wow, the regional train takes forever! Is it the cheapest?

Sí, el regional solo cuesta 24,65€ para un billete de ida.

Yes! The regional costs only €24.65 one way.

How much does the Alaris train cost?

¿Cuánto cuesta el Alaris?

El Alaris cuesta 47,10€. ¿Cuál prefieres para ir a Valencia?

The Alaris costs €47.10. Which one do you prefer to go to Valencia?

Tengo poco dinero, pero quiero llegar pronto allí. Mmm... ¿vamos en el regional?

I don't have much money, but I do want to get there early. Hmmm...shall we take the regional train?

¡Vale! | OK!

Can you make the reservations? | ¿Puedes hacer las reservas?

¿Por qué no haces tú las reservas? Yo busqué la información sobre horarios y tarifas. | Why don't you make the reservation? I did the research on schedules and fares.

Fine. Can I make the reservation online? | Vale. ¿Puedo hacerlas online?

¡Sí! Ve a www.renfe.es | Yes! Just go to www.renfe.es.

OK, thanks! | Vale, ¡gracias!

Vale, nos vemos mañana en la estación de Atocha a las 11:30 de la mañana. | OK, see you tomorrow at the Atocha station at 11:30 am.

See you! | ¡Hasta luego!

1. DIALOGUE ACTIVITY

A. How many trains are heading to Valencia tomorrow and at what times are they scheduled to leave?

B. What are the differences between them?

DID YOU KNOW?

Coger is a commonly used verb in Spain that means "to take". However, it is an expletive in some parts of Latin America, where it has a sexual connotation.

Use the following words and expressions to
guide you through the lesson.

VOCABULARY

el asiento	seat
el autobús de línea	coach bus
la azafata	(airline/train) attendant
la bolsa	bag
cansado/a	tired
el coche-restaurante	dining car
la clase	class
clase turista	coach class
el destino	destination
el embarque	boarding
la entrada	way in
el equipaje	luggage
el equipaje de mano	hand luggage
estacionado/a	parked
la facturación	check-in
la llegada	arrival
lleno/a	full
el mostrador	counter
parar	to stop
el pasaporte	passport
el peso	peso (currency in various Latin American countries)
previsto/a	due
procedente de...	arriving from...
la puerta	gate
rápido/a	fast, express train
reservar	to reserve
el retraso	delay
sacar (billete)	to buy (a ticket)
salir	to leave
Talgo	type of fast inter-regional train (Spain)
tardar	to take time
tarifas	rates
Tengo muchas ganas.	I can't wait.
el tren	train
la vía	platform
el viajero/ la viajera	traveler
volver	to return
el vuelo	flight
la vuelta	return

2. READING ACTIVITY

Read Emi and Lola's IM again and fill in the details on the ticket section below.

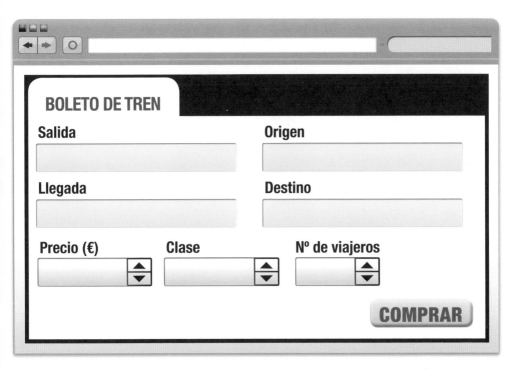

3. SPEAKING ACTIVITY 66 99

Request a ticket following the prompts in the dialogue below.

Usted: Excuse me, are there trains to Sevilla tomorrow morning?

Vendedor: **Hay uno que sale a las siete de la mañana y otro que sale a las doce.**

Usted: Ask if it leaves at 12 noon or midnight.

Vendedor: **A las doce del mediodía.**

Usted: Ask which is the faster of the two.

Vendedor: **El tren de las siete llega a las ocho y media y el tren de las doce llega a la una.**

Usted: Ask if the train at 7 is cheaper.

Vendedor: **No, los billetes tienen el mismo precio.**

Usted: Say you want a ticket to Sevilla for the 12 o'clock train.

Vendedor: **Muy bien, pues, son quince euros... Aquí tiene.**

4. LISTENING ACTIVITY

Listen to these dialogues. Try to figure out where they take place and when: before, during or after a trip.

1

Viajero:	**Por favor, ¿de qué vía sale el tren para Valladolid?**
Vendedor:	**Sale de la vía cuatro.**
Viajero:	**¿Lleva retraso?**
Vendedor:	**Sí, pero sólo diez minutos.**
Viajero:	**Vale, muchas gracias.**
Vendedor:	**De nada.**

¿Dónde?

¿Cuándo?

2

Viajero:	**Por favor, ¿la facturación para el vuelo de Londres?**
Azafata:	**Está en el mostrador número tres.**
Viajero:	**Gracias.**
Viajero:	**Buenos días. ¿Para Londres?**
Azafata:	**Sí, ¿tiene los billetes por favor?**
Viajero:	**Aquí.**
Azafata:	**¿Y su pasaporte?**
Viajero:	**Sí, tenga.**
Azafata:	**Gracias. El embarque es a la una menos cinco, por la puerta número trece**

¿Dónde?

¿Cuándo?

3

Viajera:	Por favor, ¿dónde está el coche-restaurante?
Asistente:	Siga usted tres coches más, y allí está.
Viajera:	¿Se puede comer ahora?
Asistente:	No, no abre hasta las cinco.

| ¿Dónde? | |
| ¿Cuándo? | |

4

Viajera:	Por favor, ¿hay trenes para ir a Villanueva?
Vendedor:	No, no hay trenes, pero puede ir usted en autobús.
Viajera:	¿Cuándo salen?
Vendedor:	Hay autobuses de línea todos los días a las tres de la tarde.
Viajera:	¿Es necesario reservar un asiento?
Vendedor:	No, el autobús nunca va lleno.
Viajera:	¿Puedo sacar el billete ahora?
Vendedor:	No, no es necesario. Puede sacar el billete en el autobús.
Viajera:	Muchas gracias.
Vendedor:	De nada.

| ¿Dónde? | |
| ¿Cuándo? | |

5. LISTENING ACTIVITY

Listen to the announcements and write down the information that is missing from the board.

> Tren Talgo procedente de Madrid con destino a Barcelona en vía dos, sale a las dieciocho horas y veinte minutos.

> Tren rápido procedente de Madrid que tiene prevista su llegada a esta estación por vía tres a las once cuarenta y cinco de la mañana, llega con media hora de retraso.

> Tren tranvía procedente de Madrid llega a esta estación a las diez y cuarto por vía cinco.

> Cancelado el tranvía de las cinco con destino a Villanueva.

TREN	PROCEDENCIA	DESTINO	HORA DE LLEGADA	HORA DE SALIDA	VÍA	INFORMACIÓN

6. SPEAKING ACTIVITY

Once you have completed your chart with the information, read the information aloud, formulating complete, correct sentences.

7. **SPEAKING ACTIVITY** 66 99

You like to travel a lot. What do you say in the following situations?

1

> You want to travel to Toledo this afternoon.
> Ask if there is a train.
> Ask at what time it leaves.
> Ask what time the train arrives in Toledo.

2

> You want to know how many trains there are to Segovia on Sunday.
> Ask what kinds of trains they are.
> Ask for the times the trains leave.

3

> Say that you want to reserve a round-trip ticket to Barcelona.
> Say on what day and at what time you want to go and to return.
> Ask for the price of a coach class ticket.

8. **WRITING ACTIVITY**

You want to go to Segovia. You need to know the types of train service, and the departure times for trains traveling to Segovia on Sunday. Your friend has this information. Create a dialogue of you chatting with her online. Ask for the information and provide her responses to your questions.

usted

usted

usted

9. **READING ACTIVITY**

Read the following text and answer the questions.

✉ ENVIAR	✖ ELIMINAR

De:

Para:

Asunto:

Hola me llamo Iñigo. Soy de San Sebastián, pero ahora vivo en Barcelona por mi trabajo. Vivo en el centro de la ciudad en la zona del Eixample, cerca del centro. Trabajo en Paseo de Gracia, una de las calles más importantes de Barcelona. Cada mañana tengo varias opciones para ir al trabajo. Puedo coger el metro: hay una parada cerca de mi casa, pero tengo que cambiar de línea a mitad de camino. Puedo tomar el autobús, pero hace muchas paradas y tarda bastante. También puedo ir a pie, pero no tengo tiempo para hacer esto todos los días. Por lo tanto, prefiero ir en moto. Es verdad que hay mucho tráfico en Barcelona, pero en moto uno va rápido. Llego en un plisplas, unos 10 minutitos, vamos.

1. **What are Iñigo's options for going to work?**
   Phrase your response using *en* or the preposition required.

2. **What are the inconveniences of each?**

3. **What is his preferred method of getting to work?**
   State this using the comparative.

Prepositions
To talk about means of transportation, use the verb *ir*, "to go", plus the preposition *en*:

> *en autobús* (by bus), *en taxi* (by taxi), *en metro* (by subway), *en coche* (by car), *en bicicleta* (on a bike), *en moto* (on a motorcycle)

but, take note of *a pie* (on foot).

Other prepositions that express direction are: *a, para, de* and *hasta*.

a to:	*Voy a Madrid.* (I'm going to Madrid.)	
para to, for:	*Un billete para Bilbao.* (A ticket to Bilbao.)	
de from:	*El tren sale de Barcelona a las tres.* (The train leaves from Barcelona at 3 o'clock.)	
hasta as far as:	*Voy hasta Málaga.* (I'm going as far as Málaga.)	

A, de, hasta can also indicate time.

a at:	*A la una de la tarde.* (At 1 p.m.)
de in:	*Llega a las tres de la tarde.* (He arrives at 3 in the afternoon.)
	Va de las tres a las siete sin parar. (It functions from 3 o'clock until 7 without stopping.)
hasta until:	*El tren no sale hasta las cinco.* (The train doesn't leave until 5 o'clock.)

Comparatives
más...que more...than:

> *El Talgo es más rápido que el Tranvía.*
> (The Talgo is faster than the Tranvía.)

menos...que less...than:

> *Pero el tren Tranvía es menos caro que el Talgo.*
> (But the Tranvía is less expensive than the Talgo.)

> *No tengo que estudiar para el examen.*
> (I do not have to study for the exam.)

> *No hay que cuidar los parques.*
> (It is not necessary to look after the parks.)

Check It!

Test what you've learned in this lesson and review anything you're not sure of.

CAN YOU . . . ?

☐ **ask for information about trains or buses**
¿A qué hora hay trenes para Valladolid mañana?
¿Cuál es más rápido?
¿Cuánto tiempo tarda?
¿Hay un Talgo?
¿De qué vía sale el tren?
¿Lleva retraso?
¿Hay trenes para ir a Villanueva?
Es necesario reservar un asiento.
¿Puedo sacar el billete ahora?

☐ **make a reservation**
¿Puedo reservar un asiento?
En clase turista.

☐ **say the train arrives and the train leaves**
el tren llega
el tren sale

☐ **check-in at the airport**
¿La facturación para el vuelo de Londres es aquí en este mostrador?
¿Puedo llevar esta bolsa como equipaje de mano?

☐ **ask for train services**
¿Dónde está el coche-restaurante?
¿Se puede comer ahora?

☐ **use prepositions correctly**
Voy a Madrid.
Un billete para Bilbao.
El tren sale de Barcelona a las tres.
Voy hasta Málaga.

☐ **use the comparative**
El Talgo es más rápido que el Tranvía.
Pero el tren Tranvía es menos caro que el Talgo.

BERLITZ HOTSPOT   Go to www.berlitzhotspot.com for...

 Social Networking
Have you traveled around by train? Do you enjoy taking the train? Or, if you haven't, do you think you would enjoy it? Share your experiences, preferences and plans with your Hotspot friends.

 Podcast 17
All aboard!
Download the podcas

 Internet Activity
Plan your train trip through Spain! Go to **Berlitz Hotspot** for a link to the Spanish train system. Type in your preferences: itineraries, schedules, etc., and practice writing an email to your Spanish friend, Diego, describing your details.

Alquiler de coches

DIALOGUE

Listen to the dialogue of Sr. Ruíz renting a car.

Sr. Ruíz: **Buenos días, quiero alquilar un coche.**
Good morning. I want to rent a car.

Empleada: **Sí, ¿qué tipo de coche quiere?**
Yes, what kind of car do you want?

Sr. Ruíz: **Uno pequeño.**
A small one.

Empleada: **Mire, tenemos este Seat de tres puertas, un Renault de tres puertas y uno de cinco puertas.**
We have this Seat with three doors, a Renault with three doors, and another one with five doors.

Sr. Ruíz: **Tiene que ser de cinco puertas. ¿Cuánto cuesta el Renault?**
It must have five doors. How much does the Renault cost?

Empleada: **Cuarenta y tres euros por dìa.**
43 euros a day.

Sr. Ruíz: **Vale, pues el Renault de cinco puertas.**
OK, then the Renault with five doors.

Empleada: **¿Para cuántos días lo quiere?**
For how many days do you want it?

Sr. Ruíz: **Para tres días.**
For three days.

Empleada: **¿Puede darme su carnet de conducir y su pasaporte, por favor?**
Could you give me your driver's license and passport please?

Sr. Ruíz: **¿Hay que echar gasolina?**
Is it necessary to fill the gas tank?

Empleada: **Ahora no: el depósito está lleno pero hay que devolver el coche con el depósito lleno.**
Not now; the tank is full but you have to return the car with a full tank.

Sr. Ruíz: **Bien, gracias.**
OK, thank you.

Use the following words and expressions to
guide you through the lesson.

VOCABULARY

el accidente	accident	**el gasóleo**	diesel fuel
el aeropuerto	airport	**la gasolina**	gasoline
alquilar	to rent	**la gasolina sin plomo**	unleaded gasoline
arreglar	to repair		
la autopista	highway (toll road)	**la grúa**	tow truck
el carnet de conducir (Spain)	driver's license	**incluido/a**	included
		el kilómetro	kilometer
la carretera	road	**limpiar**	to clean
el carro (Lat. Am.)	car	**la matrícula**	car tag
el coche (Spain)	car	**el motor**	engine
comprobar	to check	**el parabrisas**	windshield
dejar	to leave	**el pinchazo**	flat tire
el depósito (Spain)	tank	**la puerta**	door
devolver	to return, to give back	**recoger**	to pick up
		la rueda	wheel
echar gasolina	to put gas	**la rueda de repuesto**	spare tire
enseguida	immediately		
esperar	to wait	**súper**	high octane
extraño/a	strange	**traer**	to bring

1. DIALOGUE ACTIVITY

A. What kind of car is Sr. Ruíz renting?

B. What does he have to provide in order to complete the rental?

2. LISTENING ACTIVITY

 Listen to these people inquiring about car rentals. Match the conversation to the image of the car. Write down how much it costs per day and any other details that are provided.

1

Clienta:	**Por favor, quiero alquilar un Seat de tres puertas para tres días. ¿Cuánto cuesta?**
Empleada:	**Noventa euros por día.**
Clienta:	**¿Puedo devolver el coche en el aeropuerto?**
Empleada:	**Sí, claro.**

2

Cliente:	**Quiero un coche grande, de cinco puertas.**
Empleada:	**Tenemos este Citroen, es muy grande. ¿Le gusta?**
Cliente:	**Sí, ¿cuánto cuesta?**
Empleada:	**Noventa euros por día.**
Cliente:	**¿Está incluida la gasolina en el precio?**
Empleada:	**No, la gasolina no está incluida en el precio. Usted tiene que devolver el coche con el depósito lleno.**
Cliente:	**Bien, quiero el Citroen.**

Conversación	
Precio al día	
Otra información	

Conversación	
Precio al día	
Otra información	

PRONUNCIATION

In Spanish, *ll* is pronounced as one consonant: *ll*, but its pronunciation varies in different parts of Spain and Latin America. It also varies often from person to person and even the same person might pronounce it differently on different occasions.

Traditionally it is pronounced *ll*: *lleno, billete*, but it is a lot more common to hear it pronounced *y*: *lleno* (yeno), *billete* (biyete). Therefore, the pronunciation of *ll* and *y* is the same.

In some Latin American countries, especially in Argentina, the pronunciation of *ll* and *y* is the same and it is strong, almost like the English sound "sh": *Allí está la llave.*

Listen to the two dialogues and concentrate on the way the *ll* is pronounced.

Cliente:	*Un billete para Valladolid, por favor.*
	¿Tengo que reservar un asiento?
	(A ticket to Valladolid, please.
	Do I need to reserve a seat?)
Empleado:	*No, el tren no va lleno.* (No, the train is not full.)

....

Chófer:	*¿Hay un taller aquí?* (Is there a garage around here?)
Una señora:	*No, pero hay un taller al final de la calle.*
	(No, but there is a garage at the end of the street.)
Chófer:	*¿Por allí?* (That way?)
Una señora:	*Sí, sí, por allí.* (Yes, that way.)

3. LISTENING ACTIVITY

Listen to these dialogues that take place in a gas station. Read the three receipts to determine which one corresponds to each conversation. What extra services did they need to have done?

1

Cliente: **¿Dónde está la gasolina sin plomo, por favor?**

Dependiente: **Allí, un momento.**

Cliente: **Póngame sesenta euros. ¿Puede darme un recibo?**

Dependiente: **Sí. Un momento.**

2

Clienta: **Lleno, por favor.**

Dependiente: **¿Súper?**

Clienta: **Sí, ¿y puede también comprobar el aceite?**

Dependiente: **Vale. Son sesenta euros.**

3

Dependiente: **¿Gasóleo?**

Cliente: **Sí. Póngame noventa euros.**

Dependiente: **Son noventa y dos.**

Cliente: **Vale, está bien. ¿Puede limpiar el parabrisas?**

ESTACIÓN BADAJOZ
6 OCTUBRE
Gas. super   60€
RT

ESTACIÓN BADAJOZ
6 OCTUBRE
Gasóleo   92€
RT

ESTACIÓN BADAJOZ
OCTUBRE
Gas. sin plomo 60€
RT

GRAMMAR

The verb *estar*, "to be," is used in the following cases:

Está lleno/libre.	It's full/free.
Está incluido.	It's included.
Está bien/mal.	It's good, all right/bad.

4. SPEAKING ACTIVITY

Now use the bills from the previous activity to create your own dialogues. Pay attention to your use of *estar*.

5. LISTENING ACTIVITY

Juan is having problems with his car.
Listen to the dialogue and fill in the missing information.

Juan: **Hola, buenos días. Mi coche no** _____ .

Mecánico: **¿Puede traer el coche** _____ ?

Juan: **Pues mañana** _____ . **Además es muy**

urgente: necesito el coche _____ .

Mecánico: **A ver...bueno, puede dejarlo. Puede pasar a recogerlo**

_____ .

Juan: **Vale, gracias.**

6. LISTENING ACTIVITY

Two more people are having problems with their car. They call the service station. Listen to the two telephone conversations and fill in the mechanic's log.

Mecánico: ¿Dígame?

Un señor: He tenido un pinchazo y no tengo rueda de repuesto.
Estoy en la carretera de Valencia en el kilómetro cuarenta y tres.

Mecánico: ¿Qué coche es?

Un señor: Es un Citroen de color gris, matrícula M298179TZ.

- -

Mecánico: ¿Dígame?

Una señora: He tenido un accidente en la autopista de Madrid en el kilómetro ochenta. Yo estoy bien pero el coche está muy mal.

Mecánico: ¿Qué coche es?

Una señora: Es un Renault de color rojo, matrícula B674384GS.

Mecánico: Vale, enseguida va la grúa.

Registro del Mecánico

	Persona 1	Persona 2
PROBLEMA		
LUGAR		
MARCA DE COCHE		
COLOR		
MATRÍCULA		

7. READING ACTIVITY

Read this extract of Juan talking about traffic and transport in México, D.F.
(*Ciudad de México*) and answer the questions.

ENVIAR   **ELIMINAR**

De: _____

Para: _____

Asunto: _____

El Distrito Federal es muy grande: tiene más de veinte millones de
habitantes. Hay muchos autobuses y el metro es muy eficiente. Pero
aún así necesitas más de una hora para viajar de un lugar a otro.
Por eso la gente que puede, se compra un coche para llegar más
rápido al trabajo o a la escuela. El tráfico es muy pesado y hay mucha
contaminación. En los últimos años las autoridades han establecido un
sistema muy sencillo para resolver el problema de la contaminación del
aire. Cada coche recibe una calcomanía de color, así los coches pueden
circular entre las seis de la mañana y las diez de la noche según el
color de calcomanía que tengan: amarilla para los lunes, rosa para los
martes, roja para los miércoles, verde para los jueves y azul para los
viernes. Los sábados y domingos pueden circular todos.

---

1. **What types of transportation does Juan mention?**
_____

2. **What is the traffic like?**
_____

3. **Cars with different color stickers are not allowed to drive on different days of
the week. Can you tell the day for each color?**
_____

4. **What are the times when you are not allowed to drive?**
_____

5. **What happens on weekends?**
_____

Check It!

Test what you've learned in this lesson and review anything you're not sure of.

CAN YOU . . . ?

☐ **rent a car**
Quiero alquilar un coche.

☐ **give and ask for details about car**
Quiero un coche grande.
Tiene que ser de cinco puertas.
¿Cuánto cuesta el Renault?
¿Puedo devolver el coche en el aeropuerto?

☐ **buy fuel**
¡Póngame treinta euros!
Lleno, por favor.
¿Dónde está la gasolina sin plomo, por favor?

☐ **ask for other services at the service station or the garage**
¿Puede comprobar el aceite?
¿Puede limpiar el parabrisas?

☐ **explain/report a problem to the garage and ask for help**
¿Puede mirar el coche, por favor?
El motor hace un ruido extraño.
¿Puede arreglarlo ahora?
He tenido un pinchazo.

☐ **describe your car**
Es un Seat de color verde.

☐ **explain where you are**
En la autopista de Barcelona.
En el kilómetro doscientos doce.

Learn More

Get a hold of some street, subway and bus maps for cities in Spanish-speaking countries. Study the names of the major sights you'd like to visit, the streets on which they are located and the major subway stations. Practice using the language you'd need to travel on public transportation to and from different places.

1. Complete the sentences using *es* or *está*.

1. **Este** _____ **mi hermano.**

2. **El hospital** _____ **al lado del parque.**

3. **¿De dónde** _____ **Luis?**

4. **¿Dónde** _____ **el hotel París?**

5. **¿Cuánto** _____ **el pan?**

6. **La falda** _____ **azul.**

7. **El libro** _____ **en la mesa.**

2. Separate the following words into the categories listed below.

Words:

cerca, autobús, pantalones, fresa, esquina, gasolina, rojo, billete, patatas, metro, derecha, azul, manzana, vestido, taxi, lechuga, amarillo, izquierda, zanahoria, chaqueta, blanco

Categories:

Transportation	
Clothes	
Directions	
Colors	
Fruit and vegetables	

3. Match the words from the first column with those in the second column.

1.	**todo**	a.	la calle
2.	**un kilo de**	b.	jamón
3.	**un litro de**	c.	recto
4.	**un billete de**	d.	señoras
5.	**una docena de**	e.	huevos
6.	**al final de**	f.	leche
7.	**una raqueta de**	g.	ida y vuelta
8.	**los servicios de**	h.	tenis

4. Supply the questions to these answers.

1.
   La catedral está en la primera calle a la derecha.

2.
   Hoy es lunes.

3.
   No, está muy cerca.

4.
   Son mil doscientos pesos.

5.   [_____]

No, no tenemos este abrigo en azul.

6.   [_____]

Sí, ¿a qué número de la avenida va?

5. Where would you say the following Spanish phrases?

1. ¿Está libre?   [_____]

2. ¿Tiene esta camisa en verde?   [_____]

3. ¿Dónde está la Oficina de Turismo?   [_____]

4. Deme un kilo de tomates.   [_____]

5. ¿De qué vía sale?   [_____]

6. ¿Tengo que cambiar de línea?   [_____]

6. Give the answers to the following questions in complete sentences.

Example:

¿El hotel está a la derecha? (no/izquierda)

No, el hotel está a la izquierda.

1. **¿De qué color quiere el abrigo?** (azul)

2. **¿Qué talla usa?** (40)

3. **¿Cómo quiere pagar?** (tarjeta)

4. **¿Qué tipo de coche quiere alquilar?** (pequeño/2 puertas)

5. **¿Dónde está el Museo de Arte Moderno?** (tercera calle/derecha)

7. Complete the following sentences by filling in the blanks.

1. **Siga esta calle** _____ **recto.**

2. **¿** _____ **patatas quiere? Un kilo.**

3. **Continúe** _____ **el semáforo.**

4. **Por favor, ¿para** _____ **a la Oficina de Turismo?**

5. **¿Puede** _____ **el coche ahora?**

6. **¿A qué hora** _____ **el tren a Valladolid?**

8. Fill in the blanks using *me gusta* or *me gustan*.

1. _____ **las patatas fritas.**

2. _____ **el salmón.**

3. _____ **la leche.**

4. _____ **los tomates.**

5. _____ **la camisa a rayas verdes.**

6. _____ **los pantalones cortos.**

7. _____ **los helados.**

9. Write the following in numbers.

1. **quinientos setenta y cinco**

2. **ochocientos veintiocho**

3. **trescientos cincuenta y tres**

4. **novecientos dieciséis**

5. **setecientos sesenta y seis**

6. **ciento treinta y nueve**

10. How would you...

1. **...ask for a bus ticket in Mexico?**

2. **...ask the salesperson if he/she has this shirt in blue?**

3. **...tell the salesperson that you just want to look around?**

4. **...ask for a full tank of unleaded gasoline?**

5. **...tell the salesperson you'll take the pants and the T-shirt?**

Answer Key

LESSON 1

1. de Valencia; en la calle Cervantes número seis

2. Marta García, avenida Goya, número ocho, Madrid; Daniel Vega, Plaza de la Constitución, número dos, Sevilla

3. Sample Answers: Hola, Marta. ¿Cómo estás?; Buenos días, Dr. Iglesias. ¿Cómo está?; Hola, Quique. ¿Qué tal?; Buenas tardes, Sra. Vázquez. ¿Cómo está?

4. Marta García; Madrid; la avenida Goya, número ocho, Madrid

5. llamo; soy; Vivo; Mi; es; número; es

6. Answers will vary.

10. Sr. Martín: 555 31 58; Sr. García: 555 93 02; Sr. Vega: 555 12 14

11. Answers will vary.

LESSON 2

1. Carlos y Pedro Pérez son de Barcelona, Ana es de Londres; En Madrid

2. a. F   b. F   c. T   d. T   e. T   f. T

3. Sample answers: Hola, ¿Qué tal? Soy…; Hola, encantado/encantada; Hola, Paula. ¿Cómo estás?; ¿De dónde son ustedes?; ¿De dónde es?; ¿Dónde viven?

4. Answers will vary.

5. Carlos, México, Acapulco; Inés, Argentina, Buenos Aires; Pedro, Perú, Lima; Marta, Guatemala, Antigua; Oscar, Chile, Santiago; Elena, Colombia, Medellín; José, Venezuela, Caracas.

6. Inglaterra, inglés/inglesa, Londres; Francia, francés/francesa, París; los Estados Unidos, estadounidense, Nueva York; México, mexicano/a, Ciudad de México; Australia, australiano/a, Sydney; Colombia, colombiano/a, Bogotá; Argentina, argentino/a, Buenos Aires

7. ¿Qué tal?, ¿Cómo te llamas?, ¿De dónde eres?, ¿Dónde vives?, ¿Cuál es tu dirección?, ¿Qué hora es?

8. te llamas, eres, somos, vives, vive, es, es, Es, Vive, eres, Soy, viven, Son

10. Es la una., Son las dos., Son las siete., Son las doce.

11. 6:30: Son las seis y media.; 2:15: Son las dos y cuarto.; 4:05: Son las cuatro y cinco.; 5:10: Son las cinco y diez.; 8:20: Son las ocho y veinte.; 1:35: Son las dos menos veinticinco.; 11:45: Son las doce menos cuarto.; 10:50: Son las once menos diez.

12. 7:30 pm: las siete y media de la tarde; 10:45 am: las once menos cuarto de la mañana; 1:25 pm: la una y veinticinco de la tarde; 12:40 pm: la una menos veinte de la tarde; 8:15 am: las ocho y cuarto de la mañana.; 6:55 am: las siete menos cinco de la mañana.

13. 11:00; 12; calle San Pedro, trece; Cartagena.

LESSON 3

1. ¿Dígame?; ¿Cómo se escribe Baquero, con B larga o b corta?

2. Answers will vary.

3. Dígame, Buenas tardes, Cómo está, se llama, apellido, Soy, escribe, Perdone, español, estadounidense, vale

4. 1. señora, 2. nombre, 3. usted, 4. dirección, 5. calle, 6. avenida, 7. gracias, 8. quince, 9. vivo, 10. soy, 11. somos

5. 17:30, Carlos Herrero, 555.97.32; 10:30, Teresa Yuste, 555.40.12; 15:15, Luis Zamora, 555.34.89; 13:00, María Chueca, 555.90.83

6. Buenos días, ¿Sra. Falcón?; Soy… ¿Comó está?; Answers will vary; Answers will vary; Answers will vary; Answers will vary

8. mi, su, tu, su, su, tu, su, su, su, mi

LESSON 4

1. café con leche y un pastel

2. 1. cerveza, 2. helado, 3. refresco, 4. vino, 5. cortado, 6. hamburguesa, 7. aceitunas, 8. té con limón

3. Answers will vary.

4. Answers will vary.

6. 2. El pastel cuesta dos euros cincuenta./ El pastel cuesta dos cincuenta. / El pastel cuesta dos euros y cincuenta céntimos. 3. El vino cuesta tres euros noventa y cinco. / El vino cuesta tres noventa y cinco. / El vino cuesta tres euros y noventa y

cinco céntimos. 4. El bocadillo cuesta tres euros veinte. / El bocadillo cuesta tres veinte. / El pastel cuesta tres euros y veinte céntimos. 5. El agua mineral cuesta un euro veinticinco. /El agua mineral cuesta uno veinticinco./ El agua mineral cuesta un euro y veinticinco céntimos.

7. Sample answers: Queremos un café solo, una cerveza y un agua mineral.; Pónganos un bocadillo, un trozo de pastel y unas patatas fritas.; Nada más. Gracias. ¿Cuánto es?

LESSON 5

1. vino, jerez, sangría, un whisky; vino blanco, agua mineral

2. quiere, Qué prefiere, un vino, Prefiere vino tinto, Prefiero vino

3. Answers will vary.

4. 1. jugo de papaya, jugo de toronja, licuado de fresa y cerveza; 2. Mexican; 3. Sample answers: (Mexican food) enchilada, tortilla (mexicana); (Spanish food) tortilla de patatas, paella; 4. una enchilada y una cerveza

5. Answers will vary.

6. Sample answers: Sí, ¿qué es esto?; Prefiero una cerveza.; ¿Qué es una enchilada?; Sí, gracias.; ¿Qué son papas fritas?; No, gracias.

7. ¿Qué quiere comer?, ¿Qué quiere beber? ¿Quiere picar algo?, ¿Qué prefiere: agua con gas o agua sin gas?, ¿Quiere vino blanco o vino tinto?

8. Los españoles toman café a todas horas.; solo, con leche y cortado, largo, con cognac o anís (un carajillo) helado

(granizado), con hielo, con helado de nata o vainilla (blanco y negro); 1. un café con hielo, 2. un blanco y negro, 3. un café solo, 4. un café largo

9. el carajillo, el granizado, el café largo o americano, el blanco y negro, el café con hielo

10. Sample answers: ¿Quiere beber algo, Sr. Martínez?; Sí, ¿Qué quiere beber?; Quiero…; ¿Vino, jerez sangría, whisky, un refresco, agua…?; Un vaso de vino, por favor.; ¿Prefiere tinto o blanco?; Prefiero vino tinto, gracias.; Aquí tiene; Para mí, un vaso de vino también. Un vaso de vino blanco.; ¿Y tú, María? ¿Qué quieres?; Un refresco, por favor.

LESSON 6

1. de: fresa, limón, chocolate, naranja, vainilla, café

2. 1. de fresa (2€), 2. de limón (2€), 3. de chocolate (2,10€), 4. de naranja (2€), 5. de vainilla (2,20€),

   6. de café (2,10€)

3. Sample answers: Un helado de fresa, por favor. ¿Cuánto es?; Quiero un helado de limón. ¿Cuánto es?; Póngame un helado de chocolate. ¿Cuánto es?; Deme un helado de naranja por favor. ¿Cuánto es?; ¿Puede darme un helado de vainilla? ¿Cuánto es?; Quiero un helado de café. ¿Cuánto es?

4. kiosco: revista, mapa, plano, postales; librería: diccionario; papelería: bolígrafo, postales; estanco: sello, postales

5. una revista, 2 euros; diccionario de español, 5 euros; un mapa de la región, un plano de Madrid y un bolígrafo, 8,70 euros; sello de 50 céntimos y dos postales, 1,90 euros

6. Sample answers: Por favor, ¿cuánto cuesta esta revista?, Quiero una revista y un periódico.; ¿Puede darme un diccionario de español?, Sí, ¿cuánto cuesta?

7. postal de 1 euro, Tiene planos, Deme, postal, planos, es

8. Answers will vary.

LESSON 7

1. Luis, su marido; Teresa, 13 años; Jorge, 10 años; María, 8 ocho años

2. Sara: a, e; Luis: b, d, i, k; Juanjo: c, g; Rafael: f, j, l; Teresa: h

3. Answers will vary.

4. padre, madre, hermana, marido

5. hermanos, hermano, la madre, padre, padres, hijo, la hija, hijos, la esposa, esposo

6. Answers will vary.

7. Answers will vary.

8. mi, my family; mi, my mother, mis, my grandchildren (male + female)/ grandsons; tu, your girlfriend; tu, your husband; tus, your nieces; tus, your cousins (female); su, his sister; sus, his children (male + female)/ sons; sus, his parents; su, his wife; sus, her cousins (male + female)/ cousins (male); su, her father; su, her grandmother; sus, her nephews (male + female)/nephews (male); su, your husband; sus, your aunts; su, your uncle; su, your son

9. padres: Alejandro y Ana, viven en Barcelona; hermano: Nico, tiene 14 años; abuelos paternos: Miguel y Ángela, viven en Granada; tío (hermano de su padre): Juan, vive en Marbella con su familia; tía (casada con el hermano de su padre): Julia, viene de Rusia; primo: Max, el más pequeño de todos, tiene 5 años; abuelos maternos: Marco y Rosana, viven en Nueva York; tía (hermana de su madre): Marisa, vive en Chicago con su familia; tío (casado con la hermana de su madre): Jason; primos: Ava, tiene 11 años, Jack, tiene 9 años; tío (hermano mayor de su madre): Gregorio/Goyo, Los Ángeles; tía (casada con el hermano de su madre): Allison, ella y Goyo no tienen hijos; tío (hermano pequeño de su madre): Mateo, vive en Los Ángeles, está soltero.

LESSON 8

1. Es mexicana, de Acapulco; Trabaja en una compañía de importación y exportación en Ciudad de México

2. nombre: Isabel Córdoba, nacionalidad: mexicana, lugar de trabajo: Inopesa en Ciudad de México, idiomas: inglés, francés y un poco de alemán, también entiende japonés pero no lo habla.

3. 1. Rosa; 2. Francisco; 3. Gloria; 4. Julio; 5. Alicia; 6. Joaquín

4. Sample answers: Rosa es enfermera. Trabaja en un hospital. / Gloria es médica. Trabaja en una clínica. / Julio es arquitecto. Actualmente no trabaja. Está desempleado. / Joaquín es dependiente. Trabaja en una tienda de deportes. / Alicia es profesora. Trabaja en un instituto/una escuela secundaria.

5. Sample answers: Esta mujer es japonesa. Su trabajo actual es de médica en una clínica., Este señor es alemán y trabaja en una compañía de importación/exportación. Debe hablar muchos idiomas., Esta señora es francesa y es profesora en un instituto. No se puede decir su edad., Este señor es un mecánico que trabaja en un taller. Actualmente está divorciado con dos hijos.

6. Answers will vary.

7. Sample answers: Raúl vive en Málaga en la Avenida Andalucía, 25. Su especialización es periodismo. Su sueldo actual es de 22,000 euros.

8. María Serrano. Es bilingüe, tiene el título de profesora y tiene 3 años de experiencia.

9. Soy Antonio y tengo 28 años. Soy inglés, pero ahora vivo en Bilbao. Soy enfermero y trabajo en un hospital grande en el centro de la ciudad. Trabajo muchas horas de lunes a jueves, desde las ocho de la mañana hasta las ocho de la tarde. Pero luego estoy libre de viernes a domingo. Mi jefe es francés y también trabajo con una alemana y un japonés. A veces tenemos pacientes de otros países también. Entre todos, hablamos muchos idiomas: además del castellano, por supuesto, hablamos inglés, francés, alemán y japonés.

LESSON 9

1. Quieren visitar el periódico del Sr. Contreras, Mañana a las 11.

2. Sample answers: a. Somos profesores. Queremos visitar su universidad., b. Somos médicos. Queremos visitar su hospital., c. Somos estudiantes. Queremos visitar su supermercado.

3. Si hablan español., ¿Hablan ustedes español?; Que sí, que son de familias mexicanas.; Que estudian en una universidad de Los Ángeles.; He speaks for the group: hablo/hablamos, vivo/vivimos, estudio/estudiamos

4. oficina, escritorio, silla, computadora, teléfono

5. Answers will vary.

8. 1. comemos, 2. viven, 3. hablan, 4. trabajáis, 5. trabajamos, 6. coméis

9. nuestra, our table; nuestras, our chairs; nuestras, our mornings; vuestra, your university; vuestros, your telephones; vuestra, your office; vuestros, your newspapers; sus, their weekends; sus, their groups; sus, their chairs, sus, their mornings; sus, your computers; sus, your days; su, your friend; su; your filing cabinet

TEST 1

1. 1. c; 2. e; 3. f; 4. g; 5. a; 6. d; 7. b

2. 1. bocadillo; 2. amigo; 3. cuarenta y cinco; 4. Inglaterra; 5. tienda; 6. oficina

3. 1. soy; 2. tiene; 3. es; 4. tiene; 5. tiene; 6. es; 7. es, soy; 8. es, tiene; 9. soy, es

4. 1. hermana; 2. madre; 3. enfermera; 4. estudiante; 5. inglesa;

   6. estadounidense; 7. tía

5. 1. Quiero un café con leche;. 2. Vivo en la avenida de Madrid, número once.; 3. ¿Cuántos años tiene tu hermano?; 4. ¿Cuál es su número de teléfono?; 5. ¿Quieres un helado de fresa?; 6. Soy médico y trabajo en un hospital.

6. 1. la cerveza; 2. el helado; 3. el pastel; 4. el café; 5. la leche; 6. la ciudad; 7. el color; 8. el chocolate

7. 1. ¿Cómo te llamas/se llama usted?; 2. ¿Dónde trabaja(s)?; 3. ¿Qué hace(s)?/¿Cuál es tu/su trabajo?; 4. ¿Dónde vive(s)?/¿Cuál es tu/su dirección?; 5. ¿Cuál es tu/su número de teléfono?; 6. ¿De dónde eres/es usted?; 7. ¿Cuántos hijos tiene(s)?; 8. ¿Está/Es usted casado?

8. Sample answers: 1. Estoy casado(a); 2. Tengo tres hijos.; 3. Soy alemán.; 4. Soy médico.; 5. Éste es Luis. 6. Quiero un café con leche.

9. 1. 6:35; 2. 8:30; 3. 1:40; 4. 1:10; 5. 12:05; 6. 5:45

10. 1. ¿Qué hora es?; 2. Soy de (country).; 3. Vivo en (address).; 4. Quiero una copa de vino tinto, por favor.; 5. ¿Habla(s) idiomas?; 6. ¿Cuánto cuestan estas tres postales y sellos?

1. Perdone, ¿dónde está el Hotel Sol, por favor?; Answers will vary.

3. Sample answers: Perdone, ¿dónde está el museo, por favor?, Siga esta calle todo recto, a mano izquierda, en la esquina; ¿Cómo llegar a la Plaza Mayor, por favor?, Está al final de la calle.; ¿Cómo se llega a la oficina de turismo, por favor?, Lo siento, no soy de aquí.

4. Sample answers: 1. Siga todo recto. Luego doble en la primera calle a mano derecha. La catedral está allí., 2. Siga todo recto. Después doble en la segunda calle a mano izquierda. El museo está allí, a mano derecha., 3. Siga esta calle todo recto. Está al final de la calle., 4. La Oficina de Turismo está en la segunda calle a mano derecha. Al lado de la estación.

5. Answers will vary.

6. Answers will vary.

Pueblo Nuevo is a small village, but it's very complete. In the center of the village, one finds Plaza de España. We have four big streets: Lope de Vega, Granada, la calle del Pueblo and la calle de los Reyes Católicos and in each street there is a bus stop. Just in front of Plaza de España, in la calle Granada, we have our beautiful cathedral, la Catedral de San Nicolás. On the other side of the plaza, in la calle de los Reyes Católicos, one finds la escuela de niños pequeños (the grammar school) with its own bus stop. Next to the grammar school, on the corner of la calle de los Reyes Católicos and la calle del Pueblo, one finds the post office (la oficina de correos). Also in la calle del Pueblo, one finds la oficina de turismo (the Tourism Office), in front of the plaza, and the supermarket (el supermercado), in front of the cathedral. Behind this supermarket is the high school (la escuela de niños mayores) with its own bus stop in la calle Granada. We only have two restaurants, but they are very good. El Restaurante de la Plaza, is, as you can guess, in front of the plaza in la calle Lope de Vega. The other restaurant, El Restaurante de Juana la Loca, is on la calle de Granada in front of the escuela de niños mayores. We have a big train station (una estación de tren) at the corner of la Calle de los Reyes Católicos and la calle del Pueblo. There, there is another bus stop. There are two hotels for tourists. One, el Hotel de la Estación, is on la calle de los Reyes Católicos, in front of the train station, and the other, el Hotel Don Juan, is on la calle Lope de Vega, facing the cathedral. El Don Juan has a bus stop; the other one doesn't, but as you know, there is one close by. The library (la biblioteca) is well placed too, on the corner of la calle Lope de Vega and la calle de los Reyes Católicos, in front of the grammar school. Just next to it is the new supermarket (el supermercado nuevo).

7. Sample answers: 1. A pie, siga la calle de Pueblo Nuevo en dirección contraria. Doble en la calle de Granada. La iglesia está detrás de la parada de autobús., 2. Para llegar a la oficina de correos a pie desde el supermercado nuevo,

siga la calle Lope de Vega y doble a mano izquierda en la calle de Granada. La oficina de correos está en frente de la Plaza de España., 3. La parada de autobús está justo enfrente de la escuela de los niños pequeños., 4. El supermercado está enfrente de la oficina de correos al otro lado de la calle.

LESSON 11

1. el Museo de Arte Moderno, un banco, las Ruinas del Templo, tiendas, la Biblioteca General; Answers may vary, but everything appears to be relatively close.

2. 1. el Museo de Arte Moderno, 2. la plaza de la Constitución, 3. un cine, 4. un banco, 5. las Ruinas del Templo, 6. el centro comercial, 7. una farmacia, 8. la Cafetería Las Vegas, 9. la biblioteca general, 10. correos

3. Sample answers: ¿Cómo se llega a la oficina de Correos?, ¿Hay una parada de metro cerca?, ¿Y las Ruinas? ¿Cómo se va a las Ruinas?, ¿Hay bancos por allí?, Muchas gracias.

4. Answers will vary.

5. El museo: 10h-20h, martes-domingo; La biblioteca: 9h-20h, martes-sábado; Las Ruinas del Templo: 11h-17h, los martes, miércoles, viernes y fines de semana; Los autobuses: 5h-1h, todos los días; El metro: 6h-0h lunes-jueves y domingo, 6h-1h viernes-sábado

6. Lunes/mañana: el Museo de Cerámica está cerrado los lunes. Por la tarde, el Museo de Escultura abre a las 18 horas.; Martes/tarde: El Museo

Arqueológico está cerrado por la tarde. Cierra a las dos de la tarde.; Miércoles/mañana: El Museo Provincial abre a las 10.; Jueves/tarde: El Museo de Goya cierra a las seis y media.; Domingo/tarde: El Museo Provincial de Bellas Artes cierra a las dos de la tarde.

7. Answers will vary.

8. 1. The bank is open from 8:00 a.m. to 2:00 p.m., 2. The shopping mall is closed on Sundays., 3. The parks in my city open at 9:00 a.m. and close at 6:00 p.m., 4. Not all pharmacies are open at night., 5. At night, it's difficult to find a school open., 6. On Sundays, everything is open in my city.

LESSON 12

1. 1, 5: las de Velázquez, Zurbarán, Murillo, Goya y Bayeu

2. visitar, primer, salas, pasillo, puerta, está, quinta, Doblen, por, tercera, Al lado

3. piso, siglo, pasillo, salas, pasillo, puerta

4.

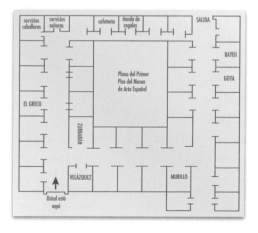

5. la cafetería, los servicios, la salida, la tienda de regalos

6. Sample answers: 1. ¿Dónde está la cafetería?, 2. ¿Cómo se llega a la tienda de regalos desde la sala de Velázquez?, 3. ¿Cómo se va la salida desde los servicios?, 4. Desde la entrada, tiene que seguir el pasillo todo recto, la sala de El Greco está a la mitad, a mano izquierda., 5. Al salir de la sala de Murillo hay que doblar a mano izquierda. Al final del pasillo, doble a mano derecha. Los servicios están al final de ese pasillo., 6. Pues, al salir de la sala de Zubarán, hay que doblar a mano izquierda y seguir el pasillo hasta el final. Al final, doble a mano izquierda. La cuarta puerta es la de la sala de Bayeu.

7. Answers will vary.

9. 1. Doble en el primer pasillo a mano derecha., 2. Suba al segundo piso., 3. Baje a la calle., 4. Cruce la calle., 5. Siga todo recto.

LESSON 13

1. azúcar, sal, leche, aceite, queso, jamón, sardinas, mermelada, galletas, patatas fritas, huevos; un kilo, medio kilo, un litro, medio litro, un cuarto, cien gramos, una lata, un bote, una caja (grande), un paquete, una docena

2. a. 2; b. 3; c. 1; d. 4; Chart: 1. pescadería: salmón (medio kilo), truchas (dos), merluza (un kilo); 2. panadería: pan (dos barras), panecillos (cinco); 3. carnicería: cordero (un kilo), salchichas (dos kilos); 4. frutería y verdulería: manzanas (dos kilos), zanahorias (un kilo), lechuga (una), pepinos (tres)

3. 1. trescientos treinta y dos dólares, 2. quinientos pesos, 3. cuatrocientos sesenta y siete euros, 4. setecientos noventa y dos pesos, 5. doscientos veinticinco céntimos, 6. novecientos noventa y nueve dólares

4. 1. un kilo de azúcar, 2. medio kilo de sal, 3. un litro de leche, 4. medio litro de aceite, 5. un cuarto de queso, 6. cien gramos de jamón, 7. una lata de sardinas, 8. un bote de mermelada, 9. una caja de galletas, 10. un paquete de patatas fritas, 11. una docena de huevos

5. Sample answers: Deme azúcar, por favor., Un kilo, y medio kilo de sal y leche., Un litro. Póngame también medio litro de aceite, un cuarto de queso, jamón, Cien gramos., Sí, una lata de sardinas, un bote de mermelada, galletas…, Una caja grande de galletas. También un paquete de patatas fritas, y huevos., Una docena de huevos., Nada más, gracias. ¿Cuánto es todo?

6. a. 1, 2, 6, 10, 24; b. 13, 17, 18, 22 ; c. 4, 8, 9, 11; d. 3, 5, 7, 12, 14, 16, 23, 25, 26, 27

LESSON 14

1. una camisa blanca (talla 42), unos pantalones cortos rojos (talla 40); blanco, rojo

2. una camisa blanca, talla cuarenta y dos, 750 pesos; unos pantalones cortos rojos, talla cuarenta, 280 pesos. Total: 1,030 pesos

3. una camiseta naranja, una corbata

rosa, un abrigo largo, una falda corta (una minifalda), un suéter rojo, una camisa blanca

4. Customer 2 doesn't buy anything. Chart: Cliente1, un suéter. Color: marrón. Talla: 44. Precio: 500 pesos; Cliente 1, unos pantalones vaqueros. Color: azul oscuro. Talla: 44; Cliente 3, un abrigo. Color: negro. Talla: 38. Precio: 1.570 pesos; Cliente 3, una camiseta. Color: amarilla. Talla: 40. Precio: 766 pesos.

5. Sample answers: No. ¿Tiene estos pantalones en (insert color name)?, La talla (insert your size). ¿Cuánto cuestan?, Sí. ¿Tienen camisetas?, ¿Las quiere en (insert color names)? (insert either en efectivo or con tarjeta).; Sólo estoy mirando., No lo sé, es muy corto., no sé… quiero pensarlo.

6. 1. ¿De qué color la quiere?, 2. ¿En qué talla lo quiere?, 3. ¿De qué color los quiere?, 4. ¿De qué colores las quiere?, 5. ¿De qué color lo quiere?, 6. ¿En qué talla la quiere?, 7. ¿En que talla los quiere?, 8. ¿De qué color la quiere?

7. 1. me gustan/no me gustan, 2. me gustan/no me gustan, 3. me gusta/no me gusta, 4. me gustan/no me gustan, 5. me gusta/no me gusta, 6. me gusta/no me gusta, 7. me gusta/no me gustan, 9. me gusta/no me gusta

LESSON 15

1. unas gafas de sol verdes (y pequeñas), nada; el tamaño

2. 1. Artículo: unos zapatos. Tamaño: 42. Color: azul. ¿Lo/La compra? Sí. Precio: 1.700 pesos. 2. Artículo: una raqueta de tenis. Tamaño: mediano. ¿Lo/La compra? Sí. Precio: 2.500 pesos. 3. Artículo: bronceadores y toallas de baño. ¿Lo/La compra? No dice.

3. sandalias de señora, 1.999 pesos; ventiladores, 5.695 pesos; bolsos, 700 pesos; anillo de diamantes, 10.000 pesos; crema bronceadora, 595 pesos; plancha de viaje, 2.800 pesos; secador, 1.250 pesos; gorras, 900 pesos; perfumes, 3.000 pesos

4. Sample answers: Quiero una raqueta de tenis., Pues, no sé. Es para mi hija, tiene once años., ¿Tiene una un poco más grande?, Esta me gusta. ¿Cuánto es?, ¿Está rebajada?

5. Answers will vary.

6. 1. Unas gafas de sol pequeñas de color azul oscuro que cuestan 12 euros., 2. Unos zapatos negros de la talla cuarenta que cuestan 3.000 pesos., 3. Un bolso de cuero marrón de tamaño mediano que cuesta 20 euros., 4. Una raqueta de tenis blanca, grande y muy cara.

7. 1. Este anillo de diamantes es pequeño y caro., 2. El bolso gris es más barato que el bolso negro., 3. Mis calcetines negros son demasiado grandes., 4. Me gustan sus gafas de sol grandes., 5. El plato azul está rebajado., 6. No me gusta su ropa floja., 7. Nuestras toallas amarillas son especiales., 8. Estos zapatos marrones son demasiado pequeños.

8. 1. Todo tipo de tiendas: tiendas de artesanía, de ropa, fruterías, tortillerías, joyerías. 2. Son muy populares y están siempre llenos de gente. (very popular and crowded) 3. Los más famosos son La Ciudadela, el mercado de San Juan y La Merced. 4. Se vende de todo: artesanías, joyas, ropa, fruta, juguetes, artículos de cuero 5. Pueden comprar cosas de barro, cuero o instrumentos musicales.

LESSON 16

1. La Plaza Mayor, Tomar el autobús (Nº 30).

2. a. 1; b. 3; c. 2

3. 1. false: Hay que cambiar en la estación Hidalgo; 2. true; 3. false: Está en dirección sur.; 4. false: No dice.; 5. false: Va al número 225 de la avenida de Los Insurgentes; 6. true; 7. false: Cuesta 150 pesos.; 8. false: Diez euros; 9. false: Vale para diez viajes.; 10. false: Puede viajar por toda la ciudad.

4. Sample answers: ¿Está libre?, ¿Puede llevarme a la avenida Valencia, por favor?, Al número ciento setenta y cinco. ¿Sabe (usted) dónde está?, ¿Cuánto le debo?, Tenga. ¿Me da un recibo, por favor?

5. Sample answer: ¡Hola! ¿Qué tal? ¿Cómo estás? Pronto nos veremos y quiero saber algunas cosas. ¿Cómo me muevo por la ciudad? ¿Se puede comprar un abono de autobús? Si se venden abonos, ¿cuántos viajes se puede hacer? ¿Se puede utilizar el mismo abono en cualquier punto de la ciudad, o funciona por zonas? ¿Y hay metro? Me gusta tomar el metro. ¿O es mejor ir en taxi? ¿Son caros? ¡Cuántas preguntas!

6. Answers will vary.

7. 1. No puedo tomar el tren, no tengo billete., 2. (Usted) tiene que comprar un billete./(Tú) tienes que comprar un billete., 3. No podemos tomar un taxi, no tenemos mucho dinero., 4. Desde el aeropuerto, se tiene que tomar el metro o el autobús. Los taxis son demasiado caros., 5. Quiero tomar el autobús y después cambiar al metro en la Plaza de España., 6. No hay que tomar el autobús, podemos ir a pie.

LESSON 17

1. Hay un Alaris que sale a las once de la mañana y un tren regional que sale a las 11:55., El Alaris es más rápido, pero cuesta más.

2. Tren: regional, Salida: 11:55, Llegada: 17:52, Clase: Turista, Precio: 24,65 , Origen: Madrid, Destino: Valencia, Número de viajeros: 2

3. Sample answers: Perdone, ¿hay trenes para Sevilla mañana por la mañana?, ¿Sale a las doce del mediodía o a medianoche?, ¿Cuál es el más rápido?, ¿El tren de las siete es más barato, verdad?, Vale, quiero un billete para el tren de las doce.

4. 1. at the train station, before; 2. at the airport, before; 3. in the train, during; 4. at the train and bus station, before

5. 1. Tren: Talgo; Procedencia: Madrid; Destino: Barcelona; Hora de salida: 18:20; Vía: 2 / 2. Tren: Rápido; Procedencia: Madrid; Hora de

llegada: 11:45 (de la mañana); Vía: 3; Información: media hora de retraso / 3. Tren: Tranvía; Procedencia: Madrid; Hora de llegada: 10:15. Vía: 5 / 4. Tren: Tranvía; Destino: Villanueva; Hora de salida: 5:00; Información: Cancelado.

6. El Tren Talgo va de Madrid a Barcelona por la vía dos. Sale a las dieciocho horas y veinte minutos.; El tren rápido que viene de Madrid tiene prevista su llegada a esta estación por la vía tres a las once cuarenta y cinco de la mañana. Llega con media hora de retraso. El tren tranvía viene de Madrid y llega a esta estación a las diez y cuarto por la vía cinco. El tranvía de las cinco con destino a Villanueva está cancelado.

7. Sample answers: 1. Quiero ir a Toledo. ¿Hay un tren para Toledo esta tarde? ¿A qué hora sale? ¿A qué hora llega a Toledo? 2. Quiero ir a Segovia. ¿Qué trenes hay el domingo? ¿Qué tipo de trenes son? ¿A qué hora salen? 3. Quisiera hacer una reserva para un billete de ida y vuelta a Barcelona, para (el miércoles cinco de junio) con salida (a las cuatro de la tarde) y llegada (a las diez de la noche). Quiero volver (el diez de junio a las once de la mañana). ¿Cuánto cuesta un billete en clase turista?

8. Answers will vary.

9. 1. Íñigo puede ir en metro, en autobús, a pie o en moto., 2. Metro: Tiene que cambiar de línea., Autobús: Tarda bastante., A pie: Tarda mucho., Moto: Hay mucho tráfico (pero llega rápido)., 3. A Íñigo le gusta más ir al trabajo en moto que ir en metro, en autobús o a pie.

LESSON 18

1. un Renault de cinco puertas, su carnet de conducir y su pasaporte

2. 1. 90 euros; un Seat, de tres puertas, puede devolverlo en el aeropuerto; 2. 90 euros; un Citröen, de cinco puertas; La gasolina no está incluida en el precio.

3. a. 1: Provide a receipt. b. 3: Check the oil. c. 2: Clean the windshield.

4. Answers will vary.

5. funciona, mañana, no es posible, esta noche, a las cuatro, Hasta luego.

6. Persona 1. Problema: un pinchazo; Lugar: carretera de Valencia, kilómetro 43; Marca de coche: Citröen; Color: gris; Matrícula: M-298179-TZ / Persona 2. Problema: un accidente; Lugar: autopista de Madrid, kilómetro 80; Marca de coche: Renault; Color: rojo; Matrícula: B-674384-GS

7. 1. Cars, buses, and subways. 2. Very heavy. 3. All the cars that have a yellow sticker are not allowed to drive on Monday; pink, Tuesday; red, Wednesday; green, Thursday; blue, Friday. 4. Between 6 a.m. and 10 p.m. 5. All cars can be driven during the weekend.

1. 1. es; 2. está; 3. es; 4. está; 5. es; 6. es; 7. está

2. Transport: autobús, gasolina, billete, metro, taxi; Clothes: pantalones, vestido, chaqueta; Directions: cerca, esquina, derecha, izquierda; Colors: rojo, azul, amarillo, blanco; Fruits and vegetables: fresa, patatas, manzana, lechuga, zanahoria

3. 1 c; 2 b; 3 f; 4 g; 5 e; 6 a; 7 h; 8 d

4. 1. ¿Dónde está la catedral?; 2. ¿Qué día es hoy?; 3. ¿Está lejos?; 4. ¿Cuánto es?; 5. ¿Tienen este abrigo en azul?; 6. ¿Sabe dónde está la avenida Mayor?

5. 1. En un taxi.; 2. En una tienda de ropa.; 3. En una ciudad que no conoce.; 4. En un supermercado/mercado.; 5. En una estación de tren.; 6. En el metro.

6. 1. Quiero el abrigo en azul.; 2. Uso la talla 40.; 3. Quiero pagar con tarjeta de crédito.; 4. Quiero alquilar un coche pequeño con dos puertas.; 5. El Museo de Arte Moderno está en la tercera calle a la derecha.

7. 1. todo; 2. Cuántas; 3. hasta; 4. llegar; 5. arreglar; 6. sale

8. 1. Me gustan; 2. Me gusta; 3. Me gusta; 4. Me gustan; 5. Me gusta; 6. Me gustan; 7. Me gustan

9. 1. 575; 2. 828; 3. 353; 4. 916; 5. 766; 6. 139

10. 1. Un boleto para el camión, por favor.; 2. ¿Tiene esta camisa en azul?; 3. Sólo quiero mirar.; 4. Lleno de gasolina sin plomo, por favor.; 5. Me llevo los pantalones y la camiseta.

Photo Credits

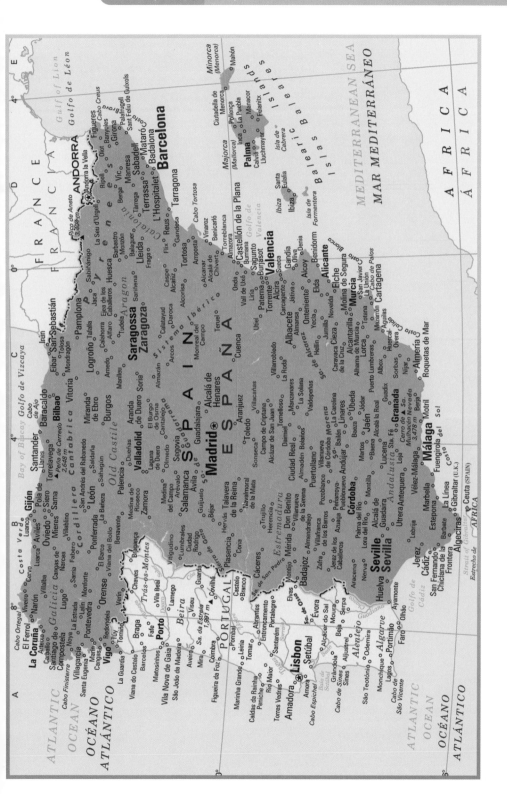

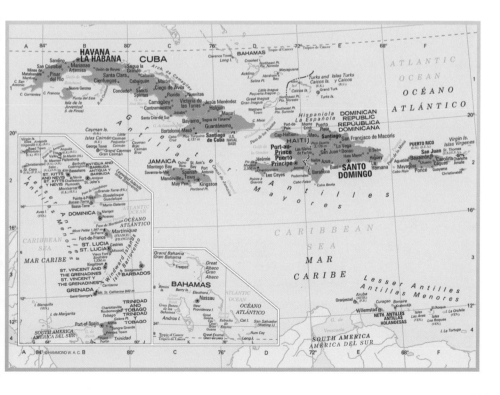

223

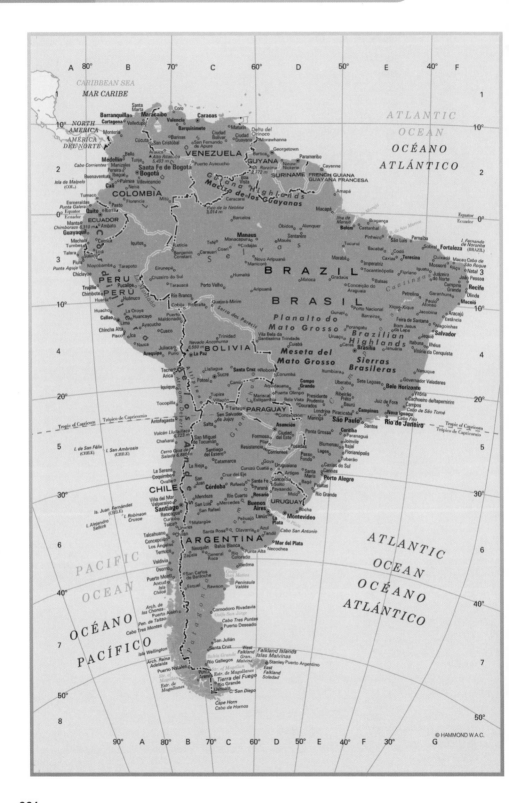